Afric

أفريقي الثقفة

novembre 1997 n°2 Sommaire

La Lettre des musiques et des arts africains
Mensuel - 5ème année - Nouvelle série

Dossier
Les Africaines

Hexagone

Actualité
cinéma

théâtre

littérature

arts plastiques

Agenda novembre

Murmures

Photo de couverture : © Marina Monteiro,
Puo Toun (« portrait de femme »), film documentaire
sur la vie des femmes d'un village du Togo, sept. 1997.

Editorial

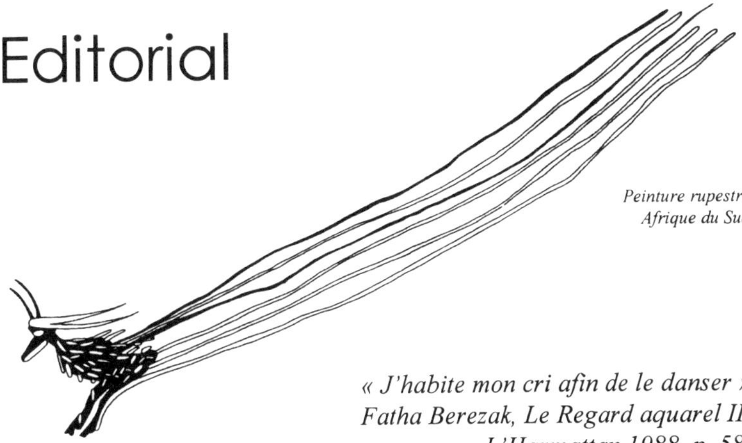

Peinture rupestre
Afrique du Sud

« J'habite mon cri afin de le danser »
Fatha Berezak, Le Regard aquarel II.
L'Harmattan 1988, p. 58.

Loin de nous l'idée d'une idéalisation simpliste ou d'un hommage hypocrite. Consacrer ce dossier du deuxième numéro d'**Africultures** aux Africaines est un clin d'œil à ceux et celles qui peu à peu nous découvrent : une façon de marquer notre différence. Car si les femmes sont très présentes dans l'information culturelle, elles ont rarement la possibilité de maîtriser leur parole.

Ce dossier est à l'image de cet enfant qui, l'œil rieur et nous regardant en face, se saisissait d'un haut parleur sur la couverture du premier numéro : nous avons voulu donner la parole aux créatrices africaines, sans la modifier ni la réduire. Persuadés que nous avons beaucoup à y apprendre.

Cela n'exclut pas le regard des hommes sur les femmes, parfois critique. Mais si celui des femmes nous importe, sans doute est-ce par leur capacité d'empathie. « *Nous enfantons le monde et il nous violente !* » disait une femme de *Finzan*, le film du Malien Cheikh Oumar Sissoko. Fortes de leur expérience de donner la vie et marquées par le statut d'infériorité que leur impose nos sociétés patriarcales, les femmes savent souvent mieux que les hommes se mettre à la place de l'Autre et ne pas penser automatiquement que l'Autre pense comme elles, en somme ne pas l'imaginer tel qu'elles voudraient qu'il soit.

On le voit bien, nous ne quittons pas ce qui nous paraît crucial : la question du regard sur l'Autre et sa différence, qui traverse tous les débats sur l'identité et l'africanité, et qui marque les expressions culturelles africaines mais pas seulement africaines aujourd'hui. Les paroles des femmes interviewées dans ce numéro sont dans leur diversité des éléments de réponse.

Dans les chansons comme dans les livres, sur les écrans comme sur les planches, la femme est celle qui se soulève, qui refuse un ordre établi qui la réduit. Cette infidélité à une tradition obsolète devenue le simple pouvoir des hommes ne va pas sans drames. Elle est pourtant source de vie : son infidélité ouvre une brèche et appelle au respect des valeurs essentielles. N'est-ce pas dès lors d'une fidélité qu'il s'agit ? Une fidélité à la vie, exemplaire pour toute la société.

Olivier Barlet

Africultures

Rédaction décentralisée :
Les Pilles
F - 26110 Nyons
Tel : ++33 (0)4 75 27 74 80
Fax : ++33 (0)4 75 27 75 75
E-mail : barlet@hol.fr

Commission paritaire : en cours.
Publicité : à la rédaction.

Directeur de la publication :
Fayçal Chehat

Responsable de la rédaction :
Olivier Barlet

Comité de rédaction :
Jacques Binet (arts plastiques)
Hammouda Chaïb (arts plastiques)
Sylvie Chalaye (théâtre)
Boniface Mongo-Mboussa
(littérature - édition)
Fayçal Chehat
(littérature, murmures)
Soeuf Elbadawi
(reportages, regards croisés)
Olivier Barlet (cinéma)
Luigi Elongui (musique)
Milena Pressmann (musique)

Correspondants :
(réseau en cours de constitution)
Alger : Fadela Mezani
Madrid: Landry-Wilfrid Miampika
New-York : Luc Deschamps

Diffusion : Editions L'Harmattan
5-7, rue de l'Ecole-Polytechnique
F -75005 Paris
Amériques : 55, rue Saint-Jacques
Montréal (Qc) - Canada H2Y 1K9

Abonnements : voir dernière page.
Vente au numéro : en librairies ou à L'Harmattan.

n°2 - ISBN : 2-7384-5954-4

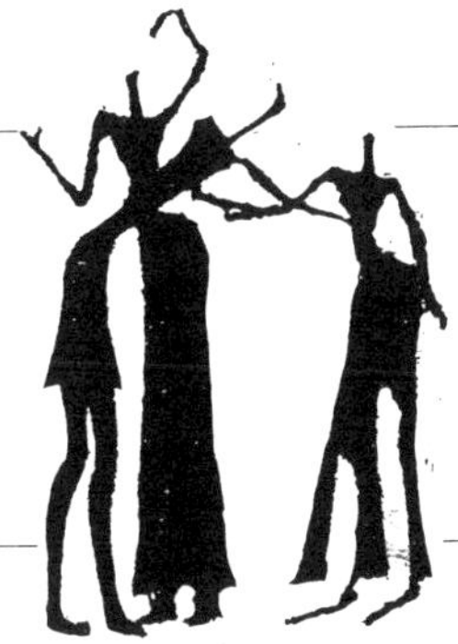

dossier : Les Africaines

Gravures rupestres du Sahara

entretien : Werewere Liking

Mère courage

« Mais peut-on être nègre sans être patient ? »,
Koffi Kwahulé, *Cette Vieille magie noire*, Ed. Lansman, p.70.

Fondatrice du Ki-Yi M'bock Théâtre, qu'elle crée à Abidjan en 1985, Werewere Liking est une femme au succès dérangeant qui dans son théâtre a osé aborder les sujets les plus tabous de la société africaine. Mais la jeune camerounaise immigrée, qui n'avait jamais été à l'école, a aussi réussi à diriger une communauté d'artistes et à la faire vivre presque exclusivement de son travail culturel, sans dépendre des institutions. Et celle qui est aujourd'hui la Mère de tout un village n'a pas manqué dans sa jeunesse de subir les humiliations que la société réserve aux filles... Cette femme indépendante et libre, qui a su changer son destin, est sans doute une des plus belles expressions de la force féminine et de la patience nègre.

Sylvie Chalaye

Vous êtes une artiste de théâtre reconnue internationalement. Un parcours comme le vôtre est exceptionnel. Mais en quoi le chemin parcouru a-t-il été difficile pour la femme que vous êtes ?

Dans chaque entreprise, il y a des difficultés, aussi bien pour un homme que pour une femme. Certes, les difficultés sont de nature différente, mais il y a toujours des difficultés pour réaliser quelque chose d'important. La plus grande exigence commande de ne pas céder au découragement et à la paresse. Il faut accepter beaucoup plus qu'on ne devrait, ne pas considérer chaque critique comme un prétexte au renoncement. Telle est la première difficulté inhérente à toute entreprise. Ne dit-on pas chez nous que seul celui qui n'agit pas demeure irréprochable ? Il faut savoir que chaque fois que l'on commence une action, on va commettre beaucoup de bêtises, voire blesser des gens. Il faut essayer par conséquent de garder beaucoup de vigilance pour faire le moins de tort possible. Evidemment ce n'est pas toujours facile, car l'inconscient nous fait commettre des actes qui peuvent heurter les autres, alors que telle n'était pas notre intention.

Et en tant que femme ?
En tant que femme, il faut résister à la tentation de croire que l'on a quelque chose de très particulier. Je pense qu'une femme a des difficultés particulières, mais aussi des atouts particuliers. Moi je ne me considère pas comme une handicapée par le fait que je suis femme. Au contraire, je considère qu'être femme est un privilège. Je le dis à qui veut l'entendre : aucun homme n'aurait pu faire le Ki-Yi en cette époque ; ce n'était pas possible pour un homme. Seule une femme pouvait le faire parce qu'il fallait avoir l'habitude de donner sa vie pour que la vie continue. Seules les femmes ont appris à le faire. Une sorte de sacrifice en quelque sorte, au-delà de son pouvoir personnel, de son autorité, qui est remise en cause ou pas... Parce qu'il faut savoir mettre son autorité de côté pour chercher à comprendre afin que la vie continue.

L'abnégation féminine ?
Oui, absolument. C'est de cela que je parle.

Est-ce que l'on peut dire que votre réussite d'aujourd'hui est une revanche sur votre passé - car vous avez eu, je crois, une jeunesse un peu dure ?
Je ne sais pas ce que vous appelez une histoire « un peu dure ». Je n'ai pas eu une vie plus dure que les autres. J'ai un destin particulier donc une vie un peu particulière. On dit que Dieu ne nous soumet jamais à une épreuve au dessus de nos forces.

Comment votre engagement en tant que femme se traduit-il dans votre théâtre ?
Il se traduit par le fait que je ne suis pas pressée dans mon théâtre. Quand on a un enfant on ne peut pas décider du rythme auquel on voudrait le voir grandir. Que l'on soit pressé ou pas, il prendra le temps qu'il faut et ne grandira qu'à son rythme. Mon caractère féminin se manifeste par cette patience : je sais qu'il ne sert à rien de courir. Je travaille beaucoup, mais je laisse chaque chose aller à son propre mûrissement. Il faut prendre le temps de former les gens. Pour les esthétiques auxquelles moi je rêve, je ne peux pas trouver des gens déjà formés. Il faut donc que je prenne le temps de former les gens.

Dans votre dernier spectacle, *L'Enfant Mbénè*, ***le personnage de la grand-mère est très important. Est-ce qu'il n'y a pas un peu de vous dans ce personnage, bien que vous soyez encore une jeune femme ?***
Dans les contes, nous avons des

personnages modèles. Je pense effectivement que c'est le rôle de cette femme que je joue au quotidien. Tous les jours je dois veiller, rappeler aux gens qu'ils ont un destin, des responsabilités, qu'il doivent fournir plus d'effort que d'ordinaire. C'est en effet le rôle que je joue. Je suis la grand-mère du Ki-Yi et je suis considérée comme une ancêtre. Voilà pourquoi cela ne me choque pas que vous me voyiez comme la grand-mère.

Mais mon personnage préféré dans les contes initiatiques est dans *Kaïdara.* C'est le personnage qui ramasse du bois pour en faire un fagot. Au moment de le porter, il ne peut pas le soulever. Pourtant, il va ramasser et ramasser encore plus de bois. Il ne peut toujours pas soulever le fagot, évidemment ! Cette parabole signifie que même si ce que nous faisons est au dessus de nos forces, il ne faut pas renoncer. Ce n'est pas parce que je ne peux pas porter le fagot que je dois cesser de ramasser du bois, car d'autres personnes viendront après moi pour soulever ce fagot. Ils n'auront alors plus à perdre du temps à ramasser du bois, et eux, ils pourront peut-être porter le fagot pour continuer la chaîne.

Il me semble que le travail que fait le Ki-Yi s'appuie justement sur une très forte solidarité féminine ?

Oui, j'essaie d'encourager beaucoup les femmes. Dans les équipes que je forme, il y a désormais beaucoup plus de femmes que d'hommes, car l'abnégation dont elles sont capables est extraordinaire. On dit que former un homme c'est bien, mais former une femme c'est former dix hommes.

propos recueillis par
Sylvie Chalaye, Limoges, oct. 1997

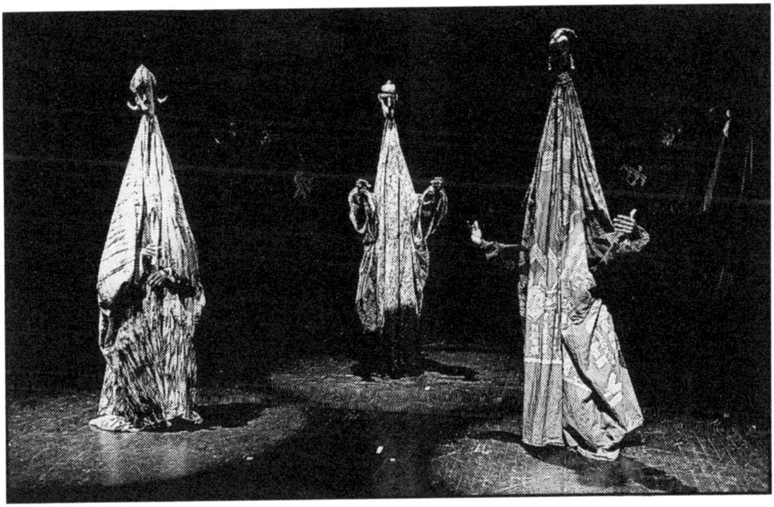

L'Enfant Mbénè, de Werewere Liking. © Alain Chambaretaud

Longtemps considérée comme « la » femme du cinéma africain, la Sénégalaise Safi Faye s'explique sur son premier long métrage de fiction,* Mossane*, sélectionné au festival de Cannes par Un certain regard en 1996 et par Cannes junior en 1997, et dont on attend la sortie dans de nombreux pays.

Partie d'une démarche ethnologique, vous entrez avec* Mossane *dans la fiction.

Je n'arrive pas à établir une frontière claire entre la fiction et le documentaire. La fiction est jouée mais provient tant de la vie quotidienne que de l'imaginaire. On fait une mise en scène pour respecter le temps du cinéma, par exemple dans *Mossane*, la scène de mariage dure huit minutes ! Lorsque je tourne en plan séquence en documentaire, je prends le parti de raconter une histoire afin qu'il y ait un début et une fin... Mon écriture se retrouve dans chacun de mes films, au point que rejaillissent parfois les mêmes paroles et gestuelles : dans *Fad'jal*, le griot pose le pied droit d'abord car le gauche porte malheur ; dans *Mossane*, cette action identique y a eu encore sa place.

« Une fois fini, le film est aux spectateurs et aux critiques ».

Dans* Fad'jal*, vous demandez aux gens de rejouer leur vie, comme Kiarostami qui tourne* Et la vie continue *six mois après le tremblement de terre et remet les gens en situation ?

La phrase d'Hampâté Bâ définit *Fad'jal* : « *un vieillard qui meurt est une bibliothèque qui brûle* ». Je ne pouvais me fier qu'à la tradition orale, transmise de génération en génération et patrimoine des acteurs du présent. C'est l'Histoire retenue (en embellissant sans doute un peu les choses...) qu'interprètent les habitants actuels de Fadial.

Vous avez peur que cette parole orale se perde aujourd'hui ?

Le fait de l'avoir fixée dans les images la sauvegarde. Depuis le Festival des Arts Nègres en 1966, on insiste sur la nécessité de sauver l'Histoire. L'Afrique d'où je viens est paysanne et c'est ça que je voudrais fixer sur pellicule.

Pourquoi n'aimez-vous pas parler de vos films ?

Pour moi, une fois fini, le film appartient aux spectateurs et aux critiques : voilà pourquoi je n'aime pas les interviews. On défend un film parce qu'il est mauvais. S'il est bon, on se tait. J'ai fait de mon

Mossane (1996)

Vu superficiellement, *Mossane* est une histoire de mariage forcé de plus. Vieux schéma ? Cinéma calebasse ? Plat réchauffé ? Certainement pas : ce film a la modernité de l'éternité. Non celle d'une Afrique prétendue immémoriale, mais celle de la lutte de la vie. *Mossane* tisse une fine analyse d'un sujet qui ne peut perdre en acuité : le destin adolescent. La jeune Mossane est belle, trop belle sans doute, au point que les enfants délaissent aussitôt le foot pour l'aider : « *Dès qu'ils la voient, ils la suivent et le match est foutu !* » Belle au point que les jeunes étudiants en rêvent avec humour : « *Ferme les yeux : il fait nuit !* » Et, bien sûr, trop belle pour pouvoir librement choisir son mari. Elle qui, bien sûr, aime un étudiant désargenté. « *Quand la terre ne produit rien, il n'y a plus de morale* » : le mariage forcé par intérêt pour la dot se met vite en place.

Sur ce récit des plus classiques, Safi Faye construit un film bourré de sensibilité. Sa caméra épouse les corps et les inscrit dans les décors avec grâce. Elle se fait proche des personnages qu'elle respecte infiniment et capte ainsi sur le visage de l'adolescente, malgré tout ce qui ne se dit pas, la détermination et la révolte d'une vie qui refuse de se laisser enfermer. Seule sa grand-mère est lucide : « *Mossane n'est pas heureuse. On ne brûle pas un arbre qui porte des fruits !* » Mais elle est bien seule pour réfuter la logique économique affirmée par le griot : « *Les jeunes d'aujourd'hui refusent d'être la charrue tirée par leurs parents* ».

Dès le début du film, les esprits *pangool* disparus en pleine jeunesse contemplent leur élue. Car le bras de mer par lequel il faut passer pour fuir est un gouffre bien amer qui s'il pouvait parler dirait tout ce qu'il a déjà vu...

Mossane a la maturité d'une femme cinéaste qui sait puiser dans sa vitalité un regard d'enfance. Même s'il rappelle avec mélancolie que le bonheur n'est pas de ce monde, ce film est un vigoureux et touchant appel contre les immobilismes, une affirmation de vie.

Olivier Barlet

mieux. Nul besoin de convaincre le public.

***Mossane** porte quelques connotation mythiques.*

Si je mets en scène les *Pangool*

(dénomination sérère pour les esprits des ancêtres), c'est parce que je crois moins aux religions monothéistes et donc je défends la religion africaine fondée sur les esprits. Si Mossane est trop belle pour appartenir à ce monde, elle ne peut appartenir qu'au monde des esprits, des ancêtres. Comment visualiser ces derniers ? Impossible de les filmer comme des humains. Je les ai donc imaginés - ayant la tête en bas - la tête à l'envers.

Que représente pour vous le personnage de Mossane ?

Une superbe créature inaccessible, âgée de 14 ans - dont les esprits, les êtres jeunes et vieux et la nature même tombent amoureux. Dans mon conte, Mossane était de passage. Par contre, Magou Seck, l'actrice, existe. Elle a 21 ans. Son père étant décédé, je m'en occupe depuis. Elle était allée très peu à l'école avant le film. Actuellement, elle fréquente l'école de l'Alliance française à Dakar.

Pouvoir maîtriser une autre langue autant que la sienne apporte un plus à l'individu. Se sentir à l'aise en s'exprimant en wolof, français, anglais, est admirable ! Connaître sa propre culture et apprendre la culture française, anglaise ou autre restent un acquis. L'acculturation est un enrichissement. Bien que je pense que ma mère illettrée est intelligente, je suis certaine d'être porteuse de quelque chose de plus qu'elle parce que j'ai pu aller à l'école et apprendre et comprendre. J'ai aussi quelque chose de plus que vous car vous ne pouvez pas m'interviewer en langue wolof.

A 14 ans, la Mossane du film obéit à ses parents mais ressent les pulsions de l'adolescence. Point. Faire une fixation sur la tradition et la modernité seulement parce que Mossane est une Africaine est superflu. Mossane est une adolescente comme toute autre. Vouloir lui faire porter l'étiquette d'adolescente africaine serait aberrant. C'est l'âge où le corps, le visage, l'être changent à chaque instant. J'ai voulu capter ces images dans le film. A cet âge-là, tous les adolescents se confondent. Et Samba, un acteur, le dit bien : « *Ce n'est pas grave, (Mossane) elle grandit, c'est le début de l'adolescence, l'éclosion de la personnalité...* »

« L'acculturation est un enrichissement. »

***La sensualité de l'image est très frappante dans* Mossane.**

Quand c'est beau, je le montre. Oui, au Sénégal, quelqu'un m'a demandé de couper la « chevauchée » avant de projeter le film aux autorités... Ce qu'il appelle chevauchée, je l'ai appelé la sieste - l'heure de la sieste de Dibor et de son mari Daouda. Quel mal y a-t-il à montrer une bonne sieste ? Peut-être ai-je osé montrer ce qui se fait la nuit et fait la nuit et dont on ne parle pas le jour. Chevaucher n'est pas un problème.

Mossane veut dire pur...

Moss veut dire belle, beau, pur, innocence, vertu...

Vous n'avez pas peur que cela soit perçu comme l'idéalisation d'une Afrique mythique ?

Non, pas du tout. J'ai voulu que la plus belle adolescente du monde soit Mossane. Tout est imagination, la mienne. Pourquoi n'y aurait-il que des films à message, didactiques ou éducatifs ? Créer n'est pas faire un calcul. Pour moi, un film provient de l'imaginaire. Dans Mossane, les cérémonies, je les ai inventées et elles n'ont rien à voir avec mes études d'ethno.

Six ans entre le tournage et la post-production, un procès avec le producteur... Souhaitez-vous en parler ?

Comme dit ma mère, c'est le destin. Il était écrit que je devais subir cette épreuve, même après 20 ans de carrière.

Un mystère entourait le film : le producteur délégué français que j'avais responsabilisé s'était approprié à notre insu tous les droits du film et tous les financements que j'avais trouvés. Les fonds provenant de la Suisse et de l'Italie ont disparu à jamais. Pendant six années, j'ai dû me battre seule en attendant la fin de la procédure judiciaire. De toute façon, mon film était intégralement tourné en 1990 ; Mossane avait 14 ans. Qu'en serait-il aujourd'hui s'il manquait des séquences car Mossane à 21 ans ? Je voudrais oublier ces six dernières années. *Mossane* est achevé et je suis heureuse d'y être parvenue. J'aime beaucoup ce film.

propos recueillis par Olivier Barlet
Cannes, mai 1997

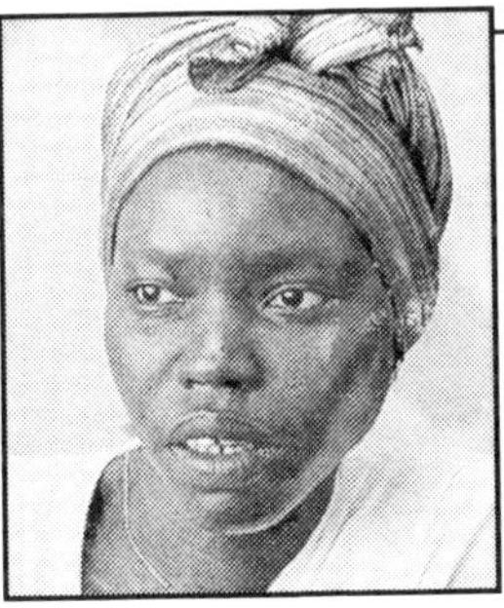

Safi Faye

Née à Dakar, Sénégal, elle a étudié l'ethnologie et le cinéma à Paris. Dès 1972, elle réalise une fiction de 10 mn, *La Passante*, histoire d'une belle Africaine qui charme les hommes dans les rues de Paris, puis *Revanche* (1973). Ses longs métrages documentaires, *Kaddu Beykat (Lettre paysanne, 1975)* et *Fad'jal* (1979) font d'elle le porte-parole d'une ethnologie de l'intérieur. Elle réalisera ensuite *La récolte est finie* (1979), *3 ans et 5 mois* (1979), *Moi, ta mère* (1980), *Les âmes du soleil* (1981), *Selbe et tant d'autres* (1982), *Ambassades nourricières* (1984), *Elsie Haas* (1985), *Racines noires* (1985) et *Tesito* (1989).

entretien : Anne-Laure Folly

Quel est le regard d'une femme cinéaste ? Entretien avec la Togolaise Anne-Laure Folly, réalisatrice de Femmes du Niger, de Femmes les yeux ouverts et de Les Oubliées - des documentaires prenant les femmes comme sujet.

Attribues-tu une spécificité au regard des femmes ?
Une femme exprime ce qu'elle est : je ne suis pas un homme, mais je ne me serais sans doute pas tant intéressé aux problématiques féminines il y a deux siècles. La façon de traiter les thèmes est radicalement différente de ce qui se faisait avant. La spécificité tient sans doute à un moment de l'Histoire. Dans Les Oubliées, mon dernier film, j'ai traité d'une guerre de 30 ans en Angola à travers le regard des populations civiles et uniquement des femmes : ce n'est pas un choix très commun... Ce regard déstabilise l'idée que l'on a souvent de l'Histoire, de la guerre et de sa logique. Du point de vue des victimes, ces logiques sont parfaitement anachroniques !

J'ai été frappé à quel point le regard des femmes fait apparaître combien la guerre atteint les gens dans leur dignité.
Ce regard n'est pas souvent montré ; on ne choisit pas cet angle : l'absurdité de la violence est qu'elle détruit l'individu ; toute la logique d'une affirmation comme « mourir pour ses idées » achoppe car ceux qui survivent sont broyés ! Une guerre de 30 ans aboutit à une désagrégation totale des liens sociaux, culturels, affectifs. La dignité des femmes est "essentielle" ; c'est ce qui reste quand tout espoir a disparu.

Les femmes que tu montres ont une incroyable confiance dans l'image.
C'est bien ce qui m'inquiète. Je suis absolument consciente de la fiction que représente le documentaire. Certains affirment même qu'il est une « réalité fictionnée ». Il reste subjectif. Alors que la multiplication des images dilue ou banaliser n'importe quel cri. Les femmes dans mon documentaire conservent une confiance dans le message. Cela donne une responsabilité encore plus grande et renvoie à ce qu'il y a de vain dans ce travail : apporter un témoignage de plus en plus minimal sur des gens qui ne sont jamais entendus.

Ton film est pourtant vu et apprécié.
Oui, mais dans un monde qui voit de plus en plus de choses et qui peut se dire ainsi qu'il n'y a pas que ça et qu'il n'y a donc pas urgence ! Il y a 20 ans, un tel film aurait eu plus d'impact... mais personne ne l'a fait.

On est maintenant dans l'accumulation ? Beaucoup de films pour avoir un impact ?
Je ne sais plus si l'opinion publique est encore mobilisable. Il faut 60 000 morts en Algérie pour que la communauté internationale s'ébranle... C'est au poids du sang que cela se joue. En Angola se déroule la plus longue guerre du siècle et personne ne bouge. Cette indifférence ne gêne personne.

Tu m'as dit un jour que les degrés de conscience d'une femme africaine et européenne sont semblables.
L'acuité des gens sur leur propre situation est extrême. Toutefois, dans une société de droit, les gens remettent moins en question leur liberté. Ils pensent que les droits juridiques les rendent libres. Pourtant la loi n'empêche pas le crime et ce n'est pas parce qu'on a aboli l'esclavage que les gens ont été égaux. On peut être libre sans être égaux. C'est ce qui se passe pour les femmes. Elles ont toujours du mal à s'intégrer dans le marché du travail et les postes importants leur sont encore refusés. Je crois simplement qu'il y a moins de leurre dans les sociétés où l'on ne prétend pas au progrès.

Dans une société qui est moins de droit comme la société africaine par rapport à l'occidentale, les femmes attribuent davantage d'importance à la démocratie ?
Oui. Dans une société qui se dit démocratique (ce qui ne veut pas dire qu'elle l'est : les démocraties grecques avaient des esclaves !), le mot n'est pas remis en cause. Dans une société où la démocratie se

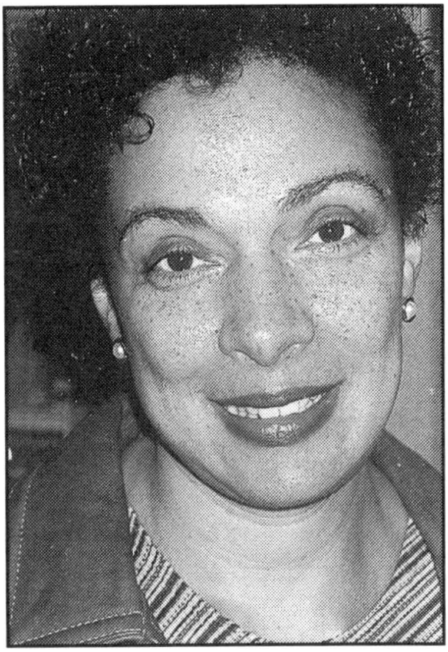

cherche, on peut encore envisager d'autres modèles d'équilibre et d'équité. Le problème de cette communication de fin de siècle est que les mots cachent beaucoup de vide et d'absence de remise en cause. J'ai l'impression qu'un surcroît de technique freine l'évolution conceptuelle... Je ne vois pas dans l'écriture, dans la pensée, dans la philosophie les grands changements qui ont marqué le début du siècle.

En Afrique, les femmes prennent une grande place dans le changement social.
Les sociétés émergentes font aujourd'hui l'économie de beaucoup de luttes sociales. Alors que leurs

de luttes sociales. Alors que leurs mères n'avaient aucun droit, les filles peuvent être sujets de l'Histoire. Elles profitent des luttes de toutes les femmes en Afrique et ailleurs.

As-tu été confrontée à la difficulté d'être femme dans ton travail ?
Bien entendu. Le « marché du travail » est normé par les hommes qui s'y adaptent facilement alors qu'il nous faut apprendre ce qui ne nous est pas naturel au départ.

Il faut se justifier d'être une femme ?
On apprend très vite mais on est étonné au départ par la combativité, l'agressivité, la violence professionnelle. On peut le faire mais on y est pas préparé... Etre Africaine et femme sont parfois dans certains milieux des obstacles à contourner. Mais cela peut aussi être un avantage d'être femme.

« Etre Zoulou ne te donne pas les clefs de la culture yoruba ».

En Angola, tu as même tourné dans un domaine culturel qui t'est étranger.
Absolument. C'est pourquoi j'ai construit le film avec un regard extérieur en partant de Paris et déclarant : « Je ne connaissais rien à l'Angola ». Pour ne pas tromper et ne pas prétendre. Je crois que la plupart des oeuvres audiovisuelles sont de l'ordre du regard extérieur. Un Français qui filme l'Auvergne profonde n'y connaît pas forcément grand chose. L'important est de savoir qui regarde quoi. Il faudrait une bibliographie complète du cameraman et du réalisateur avant toute œuvre ! Le fait d'être Noire ne m'en donne pas la culture, sortie de mon petit coin d'enfance. Etre Africain ne veut pas dire avoir une culture sur l'Afrique, juste une culture provenant de l'Afrique, contrairement à l'affirmation immodeste et effarante qu'on entend parfois ! Etre Zoulou ne te donne pas les clefs de la culture yoruba.

Je me souviens de la cinéaste nigérianne Funmi Osoba qui disait qu'on la supposait capable de faire un film sur l'excision parce qu'elle était une femme, alors qu'elle ne l'avait jamais vue ni de près ni de loin.
Bien sûr. On croit facilement que le soleil tourne autour de la terre.

Quand tu fais Les Oubliées, c'est avec « ées ».
Oui, je n'ai pas osé l'appeler *As Olvidadas !* L'Angola représente 6 % du pétrole américain et des intérêts énormes du monde entier. Cette guerre a continué parce que le regard de compassion a manqué. Notre système économique repose sur l'indécence morale. C'est pire que la violence. Que dira-t-on de l'Algérie dans vingt ans, ou de la Yougoslavie ? De ces moments d'amnésie qui saisissent l'ensemble de la planète, lorsque personne ne

veut ni voir ni faire, car des intérêts supérieurs à ceux de l'individu sont en jeu ?

Ton film montre très bien ces mines antipersonnels dont on parle tant en ce moment.

Et les enfants qui sautent parce qu'on les a envoyés en avant sur les champs de mines lorsqu'on a plus de chiens-cobayes sous la main... Le cynisme est de mise partout. Les pays qui fabriquent les mines sont nombreux ; tous savent parfaitement qu'elles atteignent en priorité les populations civiles. Aucun système ne prend en charge l'individu. L'Etat assure la sécurité de ses citoyens mais produit les mines qui tueront les autres.

Les femmes ont-elles le regard le plus clair ?

Je ne crois pas. J'ai fait des films sur les femmes en pensant à cette phrase de la philosophe Simone Weil : « il faut toujours s'intéresser au côté le plus léger de la balance, avant qu'il ne devienne le plus lourd ». J'ai filmé les femmes ; je passe à autre chose.

Les Oubliées (52 mn)

Dans un de ses poèmes, Brecht demandait « qui a construit la muraille de Chine ? » et répondait aussitôt ironiquement : « l'empereur de Chine, bien sûr ! » *Les Oubliées* a le mérite immense d'écouter les hommes pour parler d'histoire et de politique. Des hommes et surtout des femmes, puisque c'est elles qu'Anne-Laure Folly filme, comme dans ses précédents documentaires. « Je ne connaissais rien à l'Angola » avoue-t-elle honnêtement pour démarrer ce portrait d'un pays en guerre. « Ce n'est pas pour comprendre cette guerre que je suis partie là-bas, c'est pour rencontrer ses victimes ». L'émotion ne nous quittera pas. Ce film-témoignage parle de vie et de mort, de délabrement et de survie, d'enfants fauchés dans leurs jeux ou utilisés comme boucliers humains et du déminage de ces bombes issues du monde entier (« tout le monde est impliqué ! », constate le démineur). L'image respecte les femmes qu'elle cadre de près, saisit sur les visages les marques d'une guerre qui dure depuis 30 ans et semble s'installer pour l'éternité. Et lorsqu'elles montrent leur enfant pour démontrer leur nécessité, le commentaire se fait amer : « Elles ont utilisé l'objectif comme je le fais moi-même. La seule différence est qu'elle croient que leur souffrance peut encore émouvoir et changer le cours de leur destin ». Pourtant, on oublie pas *Les Oubliées*.

Olivier Barlet

Dans Femmes aux yeux ouverts, une femme raconte comment elle a proposé à sa fille de l'accompagner dans les manifestations qui ont provoqué la chute de Moussa Traoré, et sa fille a été tuée. Il est très frappant de la voir exprimer quand même la nécessité de cet engagement alors que les hommes ne bougeaient pas.

L'Histoire se vit au niveau des tripes. On n'a pas forcément besoin d'une idéologie ou d'un parti pour que les choses changent. Je crois à cette politique du ventre. Ce qui n'est pas dit, mais agit, est plus difficilement effaçable, niable ou remis en question. C'est pourquoi je ne montre dans mes films que des gens de la base. Je crois que l'évolution individuelle passe par une prise de conscience individuelle, à partir de ses accidents de vie. C'est un bouillonnement interne et non les idées sociales, littéraires ou culturelles qui font changer un individu.

Quelles sont tes perspectives ?

Je vais faire un portrait, travailler sur la forme, définir ma manière de dire. Dans l'image se lient différentes formes d'art et l'émotion qu'elle dégage lave l'âme. Il faut que ce soit beau.

Tu as une caméra proche des gens et qui prend le temps de capter les visages. N'est-ce pas une facilité moderne, évitant ainsi les problématiques esthétiques ?

C'est vrai mais je ne vais pas changer ! Quand on parle des Noirs ou des Jaunes, on dit qu'ils sont tous pareils : on voit plus les corps que les visages. L'esthétique reconnue au Noir n'est pas celle du visage, du trait et du regard. C'est une esthétique du corps, du physique, d'une beauté plastique : les traits négroïdes n'ont jamais été liés à une esthétique dans la littérature occidentale. A contrario, c'est ce qui me pousse à montrer les visages en gros plan. Je veux qu'on regarde les gens. Voir une souffrance force le respect et le regard. Je veux ainsi réduire la distance : en me concentrant sur le regard, je fixe l'émotion, je rends « l'autre » proche. Je traite de thèmes comme la guerre, l'exclusion, en évitant tout exotisme. « L'ici » ressemble à « l'ailleurs ». Nous vivons tous la même Histoire.

Où situes-tu ton africanité ?

Il n'y a pas quatre races dont l'une serait africaine. On sait que cela n'existe pas. C'est une question qu'on ne devrait plus poser mais qu'on pose tous les jours ! Un Brésilien noir négroïde est-il Africain ou Brésilien ? Les Angolaises ont toutes les couleurs du monde. Il n'y a pas de race mais il y a des cultures ; en Afrique, celle des Bambara et celle des Yoruba sont complètement différentes. Moi, je ne suis que le produit de ma propre histoire et je ne prétend à rien d'autre !

propos recueillis par Olivier Barlet
Paris, octobre 1997

La place des femmes dans les arts africains

par Jacques Binet

La femme était-elle exclue des arts plastiques ? L'est-elle encore ? Des créatrices existent. Elles sont encore peu nombreuses à être connues.

Libertés et interdits

Parler de féminisme et rôle de la femme en Afrique mène aux plus graves confusions.

Les situations évoluent très vite. Vers 1930, les autorités coloniales avaient pris des mesures pour assurer la liberté de la femme dans son consentement au mariage ou la liberté des veuves. Divorces en vagues et fuite des épouses ont montré que l'indépendance du sexe « faible » était acquise. La cellule élémentaire de la famille, le ménage, était menacée. Dans le domaine juridique, le droit patrilinéaire affirme les liens du côté paternel. Il est soutenu par l'Islam. Jadis, des ethnies mettaient toute la force de la coutume dans le matrilinéaire. L'homme dépendait de son oncle maternel et non de son père. L'autorité des reines des Akan était évidente. L'Histoire rappelle les légendes des mères fondant des peuples. Dans le domaine économique chacun sait que les commerçantes, de la Côte d'Ivoire au Nigeria, tiennent les marchés et la production des denrées essentielles. Dans le domaine politique, elles n'ont pas encore la place que les statistiques leur auraient réservée. Il y a pourtant quelques femmes dans les conseils des ministres.

Dans les arts, elles ont une place reconnue en littérature et dans les arts du spectacle. Musiciennes, chanteuses, danseuses, les griottes ont un rôle essentiel qui leur a probablement donné accès à la réalisation cinématographique, à la radio et la télévision.

En principe, pas d'exclusion. Pourtant, les sociétés anciennes étaient régies par des statuts. Dans diverses coutumes, un régime de caste interdisait aux femmes les métiers de forgeron ou de sculpteur. Potières, elles travaillaient l'argile. Mais cet artisanat est parfois élevé à la hauteur d'un art. Des pots sont ornés, modelés quelquefois comme des personnages, comme va le montrer l'exposition du musée Dapper *Réceptacles*. Une Sénégalaise, Syeni Comara, y a acquis un certain renom. Ses oeuvres, qui n'auraient pas déplu aux Surréalistes, ont été appréciées ; un livre lui a été consacré.

Une femme, dit-on chez les Guéré de Côte d'Ivoire, ne peut

avoir à faire avec les masques mais chez leurs voisins. Donc, les associations féminines commandent aux sculpteurs des masques, leur donnent un nom et un pouvoir.

Autour des objets et de leur utilisation naît une collaboration des deux sexes. On cite des cas de femmes ou de filles de sculpteurs qui collaboraient avec maris ou frères. Ont-elles un rôle dans l'élaboration, dans la finition ? La connaissance précise serait utile pour savoir si elles participent à la conception ou seulement à l'exécution. Y a-t-il une sculpture féminine à côté de la sculpture masculine ?

La répartition des métiers est complexe. Les hommes sont tisserands et certains tissage sont des oeuvres d'art. La teinture est encore une occupation féminine, avec toute la complication des effets artistiques (nouages, réserves, impression). Le *batik*, innovation récente, est surtout l'apanage des hommes, comme les *bogolans*.

Abstractions

Dans la cuvette congolaise, les femmes fabriquent des *tapas* ornés de dessins abstraits. Est-ce l'abstraction qui est féminine ? Est-ce l'utilisation vestimentaire qui a réglé ce rôle aux femmes ? La question de l'aptitude à l'abstraction est importante. Les velours du Kasaï, dont les dessins sont très complexes, sont brodés par des femmes.

La broderie a semblé longtemps un art masculin. Les femmes y ont accès avec la machine à coudre et la broderie a pris un essor étonnant et une grande liberté. Des motifs floraux ou curvilignes remplacent les broderies traditionnelles qui étaient linéaires.

Les peintures murales ne sont pas très fréquentes. Mais c'est un art féminin encore, et tourné vers l'abstraction. Les jeunes Gurunsi peignent angles ou carrés, triangles ou damiers , en blanc, noir et ocre. Les motifs des femmes Ndebele sont très variés, abstraits et géométriques eux-aussi. Couleurs intenses, formes réduites au plan du mur, sans relief. Ce sont des transpositions abstraites de motifs architecturaux, rejetant tout effort de réalisme.

Art contemporain

L'importance des femmes est modeste. Dans l'art contemporain africain, N. Guez relève 198 femmes pour 2796 artistes au total. La répartition par Etat est-elle significative ? Sénégal et Côte d'Ivoire sont mal placés : 7 et 8 femmes pour 115 et 104 artistes. Le Nigeria, avec 15 pour 200, est semblable. Par contre, le Kenya (14/81), le Zimbabwe (13/102), la Namibie (22/64) et l'Afrique du Sud (40/203) ont des proportions plus élevées. La place de l'ex-Zaïre (1/133) est très mauvaise. Ces recensements ont des valeurs limitées, mais il faudrait chercher des explications : influence des cultures, influences de la colonisation, structure des marchés...

A travers la peinture occidentale, la représentation qui est donnée des femmes est fortement marquée par l'érotisme, avec toutes les nuances possibles, du voyeurisme de Courbet aux grâces élégantes d'Ingres.

L'art africain traditionnel et contemporain donne une impression toute différente. Le nu y est très rare. Iba Ndiaye a représenté le classique *peintre et son modèle.* Yakouba Jacob, le Saint-Louisien, a peint sur un paravent une montée de l'érotisme. Un autre tableau à la fois inquiétant et érotique représente un nu dans un cadre forestier qui évoque la destruction . Le Congolais (ex-Zaïre) Kapo Longo a rapproché un nu d'un squelette. Un « voyeur » a trouvé place chez Assane Ndoye et sur plusieurs fixés sous verre sénégalais de Gabou.

Chéri Samba aborde sans gêne avec un pinceau de vengeur de la morale les sujets les plus scabreux. Beaucoup de Zaïrois se sont attachés à la tentatrice Mammy Wata. Si bien que des journalistes ont cru pouvoir définir une école des Watistes ! Mammy Wata est un génie qui progresse. Elle a inspiré plusieurs films ivoiriens. La légende veut qu'après avoir fait la fortune de son amant Keïta Fodeba, sa jalousie l'ait perdu.

Dans l'art tribal, la maternité est un thème fréquent, plus complexe que l'on ne croit. La mère et l'enfant représentent l'avenir et la fécondité. Des couples émouvants, homme et femme se tenant par l'épaule, nous paraissent probablement à tort des invocations de l'amour. Ce sont plus probablement des allusions à l'androgénéité primitive fréquente dans les mythes d'origine.

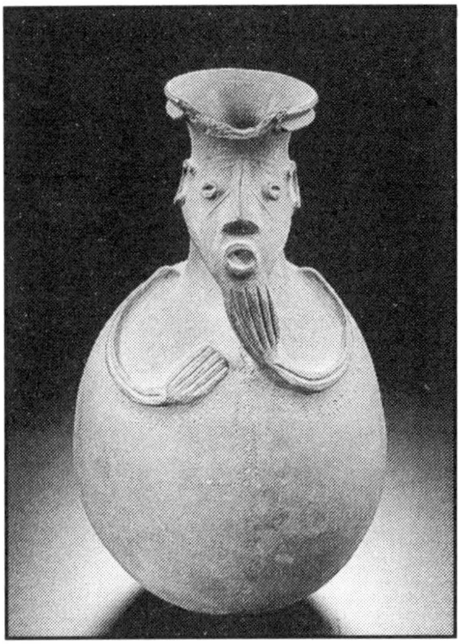

Mambila, Cameroun ou Nigeria, jarre anthropomorphe, terre cuite. Exposition *Réceptacles*, Musée Dapper jusqu'au 30 mars 1998.

Zephirin, Losseni et d'autres « naïfs » ivoiriens ont trouvé dans le grouillement d'Abidjan des sujets où le contraste entre le modernisme des gratte-ciels et la petitesse des cuisinières est écrasant. Les camions grumiers se précipitent vers le port, les ateliers de confection - industrie bien modeste pourtant - montrent les ouvrières perdues dans une forêt de machines à coudre, ou les marchés étalent et entassent objets, marchandes et clientes.

Les Ivoiriennes peintres ne sont pas très nombreuses. Mais l'une d'elles, Were Were Liking, est intéressante pour la diversité de ses dons. Elle dirige une compagnie théâtrale, utilise des marionnettes, regroupe des artistes autour d'elle comme un phalanstère. Peintre, elle a publié deux livres sur les marionnettes et les « statues colon ».

Le Sénégal permettrait d'évoquer des femmes hors du commun. Stylistes, couturières de haute volée, décoratrices, brodeuses ou peintres. Peut-on parler de peinture féminine devant des oeuvres aussi diverses que les fixés de Germaine Anta Gaye, les recherches d'inclusions de Younousse Seye, les huiles d'Aissa Dionne ou les bébés joufflus de Diagne Chanel ?

A travers l'ouvrage de Bamba Ndombassi, peintre et sculpteur congolais (ex-Zaïre) (Editions Nathan), on voit se dessiner la figure de la femme telle que la voient les artistes. Les peintures portent des titres grandiloquents mais révélateurs : *Pourquoi cette assiette est-elle toujours vide ?* demande une femme de Ndoki, *Vie sociale* ou *Solidarité africaine* disent des marchandes de poisson de Kamba Luesa. Conde Bila intitulant un tableau *Education maternelle* rejoint le Ndoki de *Telle mère, telle fille.*

La femme personnifie les liens sociaux. Ndamvu, en peignant *Volupté* et *Les Amants,* évoque les femmes sous un aspect moins austère. Mais inquiétude ou mépris devant la femme réapparaît avec la sculpture de Tamba *Femme idéale,* torse acéphale composé de volumes imbriqués plutôt que réunis. Ntabala, dont le commentateur souligne que *« son nur n'a rien de sexuel ni d'érotique »* peint une *Femme instable,* acéphale également. Quant aux Zaïrois, leur représentation féminine est très moralisante.

Il reste que les femmes ont conquis dans l'art africain une place intéressante. A travers la peinture occidentale, d'Embrosia Gentilischi et de Vigée Lebrun à Marie Laurencin ou Sonia Delaunay, la diversité est immense. Les Africaines peu nombreuses encore atteindront-elles cette diversité et créeront-elles un art différent de celui des hommes ? □

reportage

Une tontine burkinabè

par Jean-Louis Favier

Résonnance vécue aux entretiens de ce dossier, des femmes s'organisent au Burkina-Faso.

La tontine de Sancé existe depuis toujours et je ne suis pas loin de la vérité !

Mais aujourd'hui, on discute avec passion, acharnement. Deux clans distincts se forment. Les anciennes face à un groupe de jeunes.

C'est Salamata qui mène les jeunes. Salamata, mère de trois enfants, la trentaine, explique que les jeunes ne veulent plus d'une tontine qui ne sert qu'à secourir les plus touchés par la malchance avec les trois sous de la quête et à panser les pires blessures avec de la chaleur humaine. D'accord pour la chaleur humaine, mais elles veulent transformer la tontine en coopérative de tisserandes et de tailleurs qui gagne de l'argent et génère une économie à même de remplir un rôle de répartition.

Les anciennes résistent. Ce n'est pas la première fois qu'on en parle et qu'on s'accroche là-dessus. Les choses avancent doucement et pendant que le clan des anciennes raconte toutes ses bonnes raisons de ne rien changer, les jeunes imaginent déjà le coin où on mettra les mômes qui ne vont pas encore à l'école - pas trop près des bacs à teinture, à cause des émanations, pas trop loin des métiers à tisser.

L'école ? Non, il n'y en a pas à Sancé. Les quelques enfants qui ont eu la chance de pouvoir s'inscrire à Vato, le village là-bas, doivent faire quatre kilomètres à pied matin et soir. Les autres, la majorité, restent aux champs et autres travaux quotidiens. Mais on va la construire, l'école. Quand je demande à Faty comment elle fera le jour où elle pourra y inscrire tous ces enfants, je veux dire qui l'aidera à leur place ? Elle répond : « *J'ai neuf enfants. Aujourd'hui, trois seulement vont à l'école de Vato. Si demain il y en a une ici à Sancé, tous mes enfants y seront. Ce sera dur mais je sais que maintenant, on ne pourra rien faire sans passer par là.* »

Elle sait. Un peu parce qu'à Sancé, on entend le reste du monde dans les petits postes à ondes courtes et qu'on pressent que beaucoup de choses méritent d'être croisées. Beaucoup parce qu'elle sent, comme ses compagnes, comment s'orienter entre les coups et l'espoir.

Les hommes écoutent les femmes parler de ce projet avec intérêt. Plusieurs d'entre eux veulent participer. Pas seulement pour construire le bâtiment mais bien pour travailler dans la coopé. On fait semblant d'avoir tout compris du premier coup. On sous-entend que tout ceci se fait sous l'autorité et la science bienveillante des hommes. Les femmes font semblant de le croire. L'ordre social est sauf. Personne ne se sent lésé, puisque personne n'est dupe, les choses se déclinant et s'egrenant selon un protocole pointilleux et sans surprise qui donne à lire un code où tout est expliqué et respecte tous.

Salamata et ses copines sont nées ici et c'est ici que leurs idées rebondissent contre les codes, pour trouver les réponses ou chercher la fuite lorsque la réponse ne veut plus rien dire. Elles savent que, femmes du Sahel, elles sont les gardiennes d'un temple façonné sur mesure pour une société où l'homme a eu beaucoup de choses à dire et à décider. Elles se sont frottées depuis longtemps à la difficulté de bouger une idée. Car le temple est aussi une prison avec ses murs faits de convenances, de pouvoir qu'on a peur de perdre, de risque de déshonneur lorsqu'on ne remplit pas son rôle. Et remettre en cause une idée, un rouage, bref, une tradition du temple, n'est-ce pas le cas où l'on trahit le plus sa mission ?

Transformer une tontine en coopérative est déjà un acte social important qui bouleverse les concepts politiques et économiques locaux. Quel degré de patience, de courage, de génie faudrait-il à toutes les Salimata qui peuplent l'Afrique pour aborder des virages plus sensibles, si l'évolution n'était le fait de tous ? □

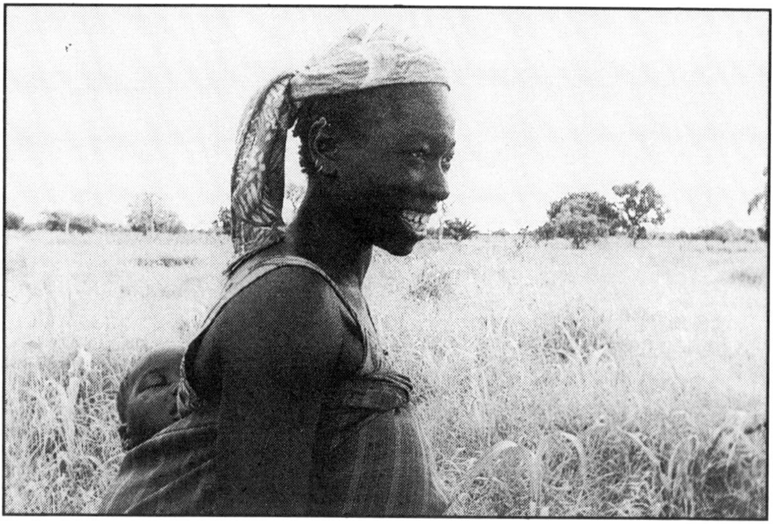

Femmes de Sancé © Jean-Louis Favier

Calixthe Beyala : une écriture des marges

par Boniface Mongo-Mboussa

Calixthe Beyala n'est pas la première romancière africaine. Avant elle, deux de ses compatriotes, Marie-Claire Matip (*Ngonda*, 1958) et Thérèse Kuoh Moukoury (*Rencontres essentielles*, 1969), avaient déjà produit des « autobiographies romancées ». Au niveau africain, la reconnaissance internationale de la littérature féminine négro-africaine commence avec Mariama Bâ, auteur de *Une si longue lettre* (1979), un roman qui dénonce la condition de la femme dans la société sénégalaise. Mais malgré la révolte qui le traverse, ce livre écrit dans un style classique reste essentiellement intimiste. Il faut attendre la parution du premier roman de Calixthe Beyala, *C'est le soleil qui m'a brûlée* (1988), pour que l'écriture féminine africaine francophone réalise son « devoir de violence ». Celui-ci s'opère d'abord sur le plan linguistique, car Calixthe Beyala revendique une « *écriture brutale, volontiers provocante, qui adopte la truculence du langage parlé...* »[1] Il se réalise ensuite au niveau de l'espace du récit : un bidonville de Yaoundé baptisé le Q.G. Enfin, cette violence est déjà présente chez la protagoniste du roman, Ateba, puisqu'elle est la fille d'une prostituée née d'un père inconnu.

Cette audace consistant à mettre en scène un monde totalement marginal justifie peut-être la bonne réception de ce roman et de toute l'œuvre de Beyala en France et aux Etats-Unis, mais cette subversion pose problème dans la mesure où elle ne s'accompagne pas toujours d'un véritable travail d'écriture littéraire : « *Calixthe Beyala est un écrivain contesté, qui n'accepte pas les obligations implicites pour entrer dans le milieu littéraire. Aussi pourrait-on dire d'un mot qu'elle est un écrivain populaire qui sait trouver son public en appuyant le trait et en frappant fort. Il se trouve que ce faisant, elle met en valeur l'essentiel du monde et des êtres sur lesquels elle veut porter témoignage : ils sont frustrés, brutaux, pathétiques et dérangeants. Et si cette écriture (ou absence d'écriture) était la forme la plus adaptée pour dire la dérive africaine des années 80 et celle des zones inclassables de la société française partiellement policée ?* »[2]

Ce point de vue de Denise Brahimi est partagé par Ambroise Kom, qui considère l'écriture de Calixthe Beyala comme une production essentiellement fonctionnelle : « *compte tenu du réalisme de son style, de la vigueur et de la verdeur de nombre de ses descriptions, on peut dire que l'écriture de Beyala est essentiellement fonctionnelle, pratique : savoir dénoncer l'ordre patriarcal qui gouverne les relations entre les hommes et les femmes dans les sociétés contemporaines. »*[3]

Ceci explique (peut-être) pourquoi les livres de Calixthe Beyala sont publiés dans la collection poche *J'ai lu*, consacrée généralement à la diffusion de la « paralittérature ».

Le deuxième écueil de l'œuvre romanesque de Calixthe Beyala se situe dans le rapport très ambigu qu'elle entretient avec le public occidental. Dans son célèbre article *L'écrivain africain et son public*,[4] Mohamadou Kane a bien montré comment l'écrivain africain est partagé entre un public de cœur (africain) et un public de raison (occidental).

Bénéficiant des traditions culturelles établies, ce dernier constitue son principal lecteur et son principal client, au point qu'il donne une orientation thématique à son œuvre. Pour illustrer son propos, Mohamadou Kane cite l'exemple d'un écrivain africain à qui un éditeur londonien avait renvoyé le manuscrit suivi de la mention suivante : « *Excellent roman, mais très peu africain !* » c'est-à-dire peu exotique.

Ce problème de l'exotisme fonde le reproche qu'adresse le critique camerounais Ambroise Kom à sa compatriote Calixthe Beyala : « *Beyala ne répugne à aucun stéréotype, si infamant soit-il, pou dénoncer les perfidies de la femme et pour montrer comment elle se fit prendre au piège du mâle (...) et*

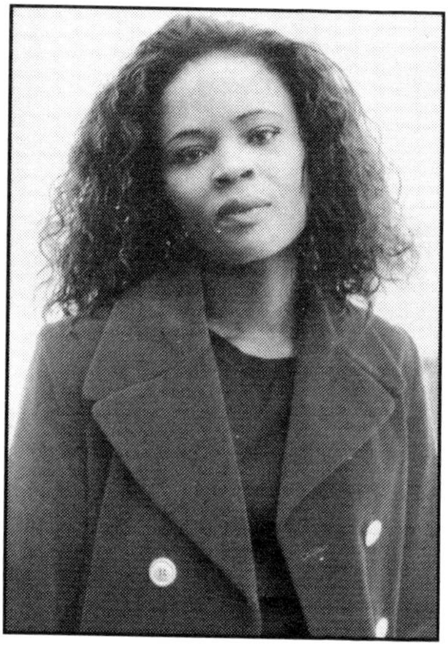

Calixthe Beyala. © R. Monfourny

l'on peut comprendre que les critiques n'hésitent pas à accuser Beyala de s'adonner passionnément à une écriture pornographique, technique destinée à accrocher un public en quête d'érotisme et d'exotisme bon marché. D'autant que chez la romancière camerounaise, la promiscuité sexuelle implique effectivement toutes les races est presque tous les âges : « J'aime les gonzesse bien foncées de peau ; ça fait exotique et ça excite les Blancs » (*Maman a un amant, p. 165).*

dossier

L'oeuvre romanesque de Calixthe Beyala. Le renouveau de l'écriture féminine en Afrique Sub-saharienne, de Rangira Béatrice Gallimore, L'Harmattan 1997, 209 p.

Depuis une décade, la prise de la parole par les femmes dans le domaine littéraire fait l'objet de la critique littéraire. Citons la thèse de Kembe Milolo : *L'image de la femme chez les romancières de l'Afrique noire francophone* (Fribourg, 1986), *Voix et visages des femmes dans les livres écrits par les femmes en Afrique francophone* (Abidjan, 1989) de Madeleine Borgomano, ou encore la récente étude d'Odile Cazenave : *Femmes rebelles, naissance d'un nouveau roman africain au féminin* (L'Harmattan, 1996). Mais jusqu'ici, aucune étude ne nous semble avoir été consacrée à une romancière africaine.

L'ouvrage de Béatrice Gallimore vient combler ce vide. Il se divise en quatre parties. La première examine la "société anomique" dans laquelle l'écriture de Beyala prend sa source ; le second expose les stratégies subversives d'écriture adoptées par la romancière franco-camerounaise pour la réappropriation de la parole. Le troisième porte sur le processus communicatif féminin, en présentant la prise de la parole par Calixthe Beyala comme un moyen d'établir un lien avec les autres femmes du Tiers-monde et du monde en général. Le dernier chapitre analyse l'originalité de l'écriture Beyalienne en la situant entre l'oralité et l'écriture.

S'ouvrant par un texte de Calixthe Beyala sobrement intitulé : "j'écris", l'essai de Rangira Béatrice Gallimore se clôt par un compte rendu sur la controverse qui a lieu en France, depuis la publication du *Petit Prince de Belleville* jusqu'aux *Honneurs perdus*, sur le plagiat dont on accuse la romancière franco-camerounaise. Un débat dans lequel Béatrice Gallimore refuse de prendre parti car sa postface se veut d'abord une description objective des faits, laissant au lecteur le soin d'être le seul juge : « *Nous entendons accorder au mot "compte rendu" son sens strict, c'est à dire celui de la présentation objective et neutre des différentes positions en conflit. Notre choix de la neutralité se justifie par diverses raisons. La principale a trait à la rigueur scientifique. Au moment où nous rédigeons cette postface, l'issue de la controverse n'est pas encore nettement définie. Ainsi ne sommes-nous pas autorisée à émettre un jugement de valeur ni à prendre parti pour ne pas tomber dans une légèreté inadmissible pour un critique littéraire.* » (p. 205)

Boniface Mongo-Mboussa.

Moralité : semble plus lu en Occident que par ses compatriotes : *« En vedette dans certaines grandes surfaces en France, les romans de Calixthe Beyala ont également réussi à se hisser au hit-parade des textes cités dans nombre d'universités occidentales, singulièrement nord-américaines, et même dans les colloques scientifiques où il est question d'études féminines, d'études africaines et/ou du Tiers monde. Mais, assez étonnamment, le grand public africain et le monde universitaire du continent noir ignorent Beyala. Même au Cameroun, son pays de naissance et univers d'élection de nombre de ses créations, tout indique qu'au-delà e ses bruyantes apparitions à la télévision d'Etat lors de ses occasionnelles visites au pays natal, Beyala et son œuvre passent totalement inaperçues. »*[5]

Soulignons toutefois que ce danger de l'exotisme guette tous les écrivains africains. Il va de même au-delà de la fiction et concerne autant l'écrivain que le « savant ».

Réfléchissant sur la situation de l'anthropologue africain dans le contexte international de recherche, le philosophe béninois Paulin Houtondji constate que toue production scientifique africaine fonctionne comme un produit d'exportation. Pour Houtondji, l'anthropologue africain d'aujourd'hui produit un discours extraverti : il écrit pour un lectorat extérieur à l'Afrique, le plus nombreux et le plus sûr, dont il doit prendre en compte les attentes et les exigences.[6] C'est dire combien le danger de l'exotisme n'est pas le propre de Calixthe Beyala. Il est presque consubstanciel à tout discours tenu par un Africain. □

Bibliographie

Gallimore, Rangira Béatrice, *L'œuvre romanesque de Calixthe Beyala, le renouveau de l'écriture féminine en Afrique francophone sub-saharienne*, L'Harmattan 1997.

Houtondji, Paulin J., *Combats pour le sens, un itinéraire africain*, Les Editions du Flamboyant, Cotonou 1997.

Awa Thiam, *La parole aux négresses*, Denoël 1978.

Notes

1. Madeleine Borgomano, *Calixthe Beyala, une écriture déplacée*, in Notre Librairie n°125, *Cinq ans de littératures, 1991-1995, Afrique noire*, 1995, p. 74.
2. Denise Brahimi, texte de présentation consacré au dossier Calixthe Beyala dans Notre Librairie, *op. cit.* p. 63.
3. Ambroise Kom, *L'univers zombifié de Calixthe Beyala,* Notre Librairie, *op. cit.* p. 69.
4. Mohamadou Kane, *L'écrivain africain et son public,* Présence Africaine n° 58.
5. 1995, p. 64.
6. Paulin J. Houtondji, *Combats pour le sens, un itinéraire africain*, Les Editions du Flamboyant, Cotonou 1997, p. 255.

Aux sources du rythme en Afrique

Sahuti ya Banamuke, la grande voix de la mère ancestrale

par Luigi Elongi

L'origine du rythme est dans la nature humaine et cosmique. Elle se situe aussi au-delà de la vie et de la mort, dans le monde invisible des forces qui président à la démarche de l'univers. Mais c'est surtout dans le ventre nourricier de la femme que les percussions de l'Afrique puisent la sève primordiale qui en inspire le battement.

Il y a très longtemps... Mais encore aujourd'hui , les femmes baLuba, réputées être les plus belles du Congo, chantent le Tchikuna pour fêter la naissance de ceux jumeaux.

Avec une voix mélodieuse et forte, imposante comme les lacs et les plateaux du Kasaï, elles accompagnent les filles qui dansent, le bassin rond et bien garni.

La reprise de cette rythmique saccadée, de cette tonalité vocale à la fois profonde et émouvante, et de ces mouvements sensuels et joyeux, on fait la renommée de Tshala Muana. L'artiste luluwa a tiré de ce genre traditionnel le *Mutuashi*, style urbain désormais connu dans le monde entier.

Ce sont surtout les chanteuses de la musique africaine d'expression citadine qui représentent la continuité avec le patrimoine. Ce phénomène est dû sans doute à la place occupée par la femme noire dans la société traditionnelle, et qu'elle n'a pas tout à fait perdu malgré les affres de la modernité.

« *La femmes africaine est merveilleusement épanouie par sa maternité, qui fait sa grandeur et contribue réellement à l'imposer dans la famille, dans la vie* », souligne le critique et savant bantu Eno Belinga.

Ce ne sont pas les intérêts musicaux individuels qui déterminent la présence majeure de la femme dans les réjouissances et dans les cultes, mais plutôt l'importance sociale que lui confère son sexe dans la vie de la communauté. Lieu sacré de la vie, elle est également la racine du rythme en Afrique. Dans le ventre maternel se répète sans cesse le mystère de la vie originelle. Pendant la grossesse, la respiration de la femme habitue l'enfant, *mutoto,* aux vibrations primordiales.

Grandie dans les entrailles de l'obscurité, la créature, en quête de la délivrance, explore la voie qui la conduit vers la lumière de la naissance. Ses mouvements provoquent les douleurs, que la future mère assouplit en modulant son souffle selon un nouveau rythme plus rapide et qui augmente d'intensité, comme un prélude de l'accouchement. Ensemble, la femme et son fruit magique participent de la polyrythmie aurorale qui scande les cycles immuables de l'existence.

Les sources de la vie et celles du rythme se confondent ainsi dans les viscères de la première génitrice.

C'est dans cet acte de la transition du surnaturel au monde visible, que l'imaginaire africain puise les symboles des diverses activités musicales, dominés par la figure de la femme.

En Afrique de l'Ouest, le refrain entonné par la soliste et repris par le choeur est appelé « *mère du chant* ». Pendant les cérémonies du *Gelede* de Ijio, au Nigeria, le tambour qui dirige la batterie des autres percussions s'appelle *iyaalu : iya* veut dire « mère » et *alu* « tambour ».

Chez les BaSanga du Katanga, l'effort de la parturiente est soutenu par les roulements des tambours. Comme en transe, elle continue à pousser, suivant un rythme qui est repris par les batteurs. Finalement, le miracle de la vie se manifeste au grand jour. L'enfant est accueilli par un nouveau rythme qui lui donne la bienvenue.

En Afrique, tous les temps forts qui président à la conception autant qu'aux cycles successifs de la vie sont ponctués par l'appel aux forces invisibles, accompagné par l'ensemble des vibrations que les Occidentaux définissent par le mot musique. Celui-ci est intraduisible dans les langues africaines qui lui préfèrent une notion concrète associant chant, percussions et danse : par exemple, *ere* chez les Yoruba, *oufoli* (littéralement « dire ») chez les Bambara.

Ces rituels musicaux sont souvent la mise en scène des premiers temps : l'esprit de la mère ancestrale descend sur terre et éveille parmi les humains les souvenirs du savoir ancien.

Ainsi, dans les pratiques musicales, journalières ou périodiques, la femme noire est souvent protagoniste et l'on dirait que l'Afrique entière chante à travers la mélodie de sa voix lumineuse.

Magnifiquement parée des fruits de la terre et baignée par la soleil, elle transmet les secrets de la fécondité, la joie de vivre et le respect des défunts. Dans l'épaisseur de la forêt équatoriale, elle récite des poèmes merveilleux pour plaire à son mari, dansant la *kutchebana* avant la procréation. Elle chante l'*aka'angana* devant la maison clanique durant l'apprentissage des fillettes. Elle pleure et murmure pour célébrer les morts dans une langue archaïque qu'elle seule connaît.

Une bonne partie des danses et des chants s'inspirent par conséquent de la condition féminine.

Dans le nord-ouest de la Zambie, la danse *Nyakasanga* pour l'initiation des jeunes filles suit le tempo donné par le tambour princi-

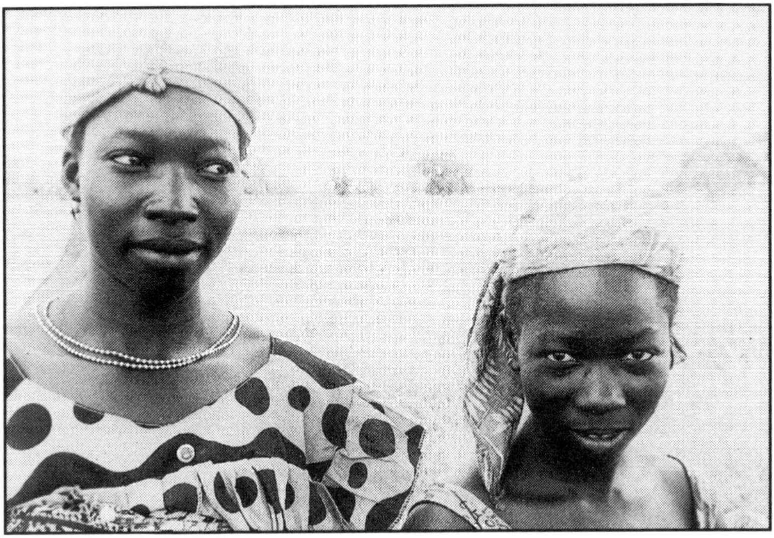

Femmes de Sancé, Burkina Faso. © Jean-Louis Favier

pal, qui est enlacé à la taille du batteur. Ce dernier frappe les deux peaux en position verticale à l'aide de grosses baguettes. En même temps, les autres tambours *Mwimbi*, allongés et à une seule peau, donnent des rythmes différents à trois quarts, deux quarts et quatre quarts.

Au Rwanda, les *ibihozo* sont l'apanage des adolescentes. Pleins de douceur et de mélancolie, ils sont une sorte de poésie chantée qui traite du quotidien. Chez les Pygmées, avant de partir pour la chasse à l'antilope, une cérémonie propiatoire a lieu en présence de femmes chargées de porter les filets. Autour d'un grand feu se déroule le *Djoboko* ou danse de l'éléphant, dont le but est d'éloigner les mauvais esprits et de favoriser la réussite de la chasse. Après avoir chauffé les peaux des tam-tams *Doumous*, les batteurs à la tête baissée donnent à la frappe un rythme violent, pendant que les féticheurs dénichent les esprits perturbateurs dans les flammes. Une montée ultérieure du rythme, juste avant le début de la chasse, provoque encore l'intervention des sorciers, qui frappent les filets avec des feuillages tout en lançant des paroles incantatoires. Dans la signification de ces formules, se manifeste la réconciliation avec les génies de la nature pour qu'ils veuillent accorder l'autorisation d'une activité engendrant la mort d'autres êtres vivants.

Le tambour en fait, n'est jamais conçu comme un simple objet de loisir ou de culte, car sa fonction sociale s'apparente à celle d'un régulateur de l'ensemble des relations cosmiques.

Ainsi, la période de la circoncision ou la célébration d'un mariage sion ou la célébration d'un mariage sont des événements qui provoquent la rupture de l'équilibre au sein du village : le matériel sonore mis en branle par les percussions rejaillit sur la dynamique de l'univers, enrichi d'une nouvelle vie et de nouvelles énergies.

Si on prête oreille aux effets des percussions africaines, si on se laisse aller à l'obsession des coups qui secouent les tripes, font frémir la tête et étouffent les poitrines dans l'implosion violente des vibrations, on est alors en train de s'abandonner à une grande roue rythmique dont le caractère répétitif se joint à l'enchevêtrement paroxystique de la polyrythmie.

D'autre part, si l'on considère qu'une bonne quantité des danses en Afrique Centrale sont axées sur la rotation ou l'ondulation du bassin, se dévoile l'importance et la signification profonde de la fécondité.

Celle-ci se manifeste en forme d'allégorie à travers les deux figures de la Terre et de la Femme, enlacées dans une relation d'identité-complément. Le ventre de la femme et celui de la terre, où l'on revient à l'heure du passage de cette vie à l'autre, est par ailleurs le même ventre d'où sort tout le matériel sonore, que l'on chante, que l'on siffle ou que l'on tape sur un tam-tam.

Leur fécondité est « la » fécondité de cet univers à la fois fini et inachevé, représenté par une spirale qui tourne sans cesse, sans connaître début ni fin. Pulsation éternelle que le sang fertile du ventre transforme en vie après le mouvement de l'accouplement des sexes, le miracle de la fécondité jaillit dans la rythmique saccadée des percussions africaines et s'incarne dans la terre, qui donne à cette vie l'aliment de sa reproduction.

La danseuse du *Buganda*, en Ouganda, qui dans l'exécution de la danse nuptiale *Embaga* déclenche le mouvement frénétique du bassin et des anches, se produit avec une virtuosité dépourvue de tout cérébralisme. Ses gestes semblent au contraire surgir de la même terre abritant les racines de l'arbre transformé en tambour par la « Parole » de l'Homme. □

Sahuti ya Banamuke veut dire « le chant de la femme » en kiswahili.

« Quand on me pose la question de savoir pourquoi il y a si peu de femmes qui écrivent, je réponds tout simplement qu'outre les problèmes d'édition, la femme n'a pas le temps d'écrire. Il faut qu'elle s'occupe des enfants, de la famille. Et puis, il y a une prise de parole qu'elle n'a pas. C'est l'homme qui a la parole. Celles qui arrivent à écrire sont souvent de très fortes personnalités. »

Michèle Rakotoson (Madagascar)
dernier roman :
Elle, au printemps (Sépia, 1996)

Regards croisés

Des Africaines et du cantonnement à la cul-ture...

dossier

Opinions conjugués de l'homme de théâtre ivoirien Koffi Kwahule et de l'écrivain béninois Dave Wilson.

La femme (africaine) dans la création : sujet ou objet?

Koffi Kwahulé: Cela dépend des domaines. En ce qui concerne le théâtre, je pense que le tour est très vite fait. Les femmes productrices de culture, je peux me tromper mais je n'en connais qu'une pour le moment. C'est Were Were Liking, même si on trouve ailleurs des metteurs en scène femmes, la seule qui a crée un espace, qui produit régulièrement, et qui a imposé un langage d'écriture théâtrale. Elle a son esthétique. Quant au statut même de la femme dans le théâtre, il est évident que si on prend l'ensemble des dramaturges africains, le nombre de femmes est très limité, et peut-être [souvent] n'existe même pas dans certains pays. Lorsqu'on prend le théâtre ivoirien, de ses débuts, disons dans les années 30, jusqu'en 1990, on ne trouve aucune dramaturge femme. Je pense que c'est l'absence des femmes dans les autres secteurs de la société qu'on retrouve dans le domaine du théâtral.

Dave Wilson: Avec mes attributs mâles et la congénitale culpabilité qui s'y attache, je me sens quelque peu gêné de m'immiscer dans l'histoire de ces combats de femmes qui ont donné des résultats sans moi et d'une façon générale, sans nous les hommes. Pour celles qui ont réussi à s'extirper peu à peu des rôles qui les confinaient à la seule maternité, à la cuisine et au lit, ce ne fut guère facile. Pour les autres, ce sera de plus en plus difficile car, aussi bien dans les sociétés occidentales qu'ailleurs, la perte progressive de l'hégémonie mâle ou tout simplement son partage demeure -dans un univers d'hommes- une pénible concession. Alors, le statut culturel de la femme ne me paraît guère évident dans la mesure où la production culturelle est devenue aussi une production économique. Or le pouvoir économique n'appartient pas à la femme. Pas encore...

Elle est donc plus souvent objet ?

K.K: La femme ne produit pas de la culture. Même dans le domaine musical où on voit beaucoup de femmes, jusqu'à présent les femmes ne tiennent pas *leur maison*, et même lorsqu'elles ont un orchestre, on a l'impression que tout est fait déjà. Et que la femme est tout simplement comme une espèce de cerise sur le gâteau. Pour que ce soit joli. Mais en tant que *décideuse*, quelque soit le domaine artistique, à ma connaissance, la femme reste encore l'objet des décisions masculines. Elle est en situation de réagir et non d'agir.

D.W: A la maison, la femme ne sera pour certains que la femme de ménage préférée. Au théâtre, sur la scène musicale, au cinéma, elle apparaît généralement comme un bijou, un élément de décoration, un maladroit prétexte à se déculpabiliser de ne pas lui laisser le choix de l'initiative. Le metteur en scène lui dira: *«quand tu bouges, remonte un peu plus ta jupe»*. Le producteur exigera que sur la pochette de son CD, elle laisse entrevoir la naissance de ses seins, etc... Les femmes ne cessent de participer sagement à la mascarade.

Qu'est-ce qui freine ? Des blocages d'ordre culturels ?

K.K: Il ne faut pas dissocier le statut de la femme du reste. Il ne faut pas mettre l'art ailleurs non plus. Il faut le replacer dans la société. On peut être chanteur sans vraiment être confronté à une démarche, je dirais, intellectuelle. Alors que pour faire de la mise en scène, il faut toute une pratique pour écrire. Et la scolarisation même des femmes a été tardive. C'est le cas dans des sociétés «plus avancées»: citez-moi une seule femme dans le théâtre classique. Ce n'est pas un phénomène uniquement africain ou lié à des blocages seulement. C'est tout un système qui fait que la dramaturgie de la société revient d'abord aux hommes. Pour moi, c'est un problème global. En Afrique ou ailleurs.

D.W: D'abord, il y a la très faible idée que la femme se fait elle-même de la culture. En Afrique, les femmes qui s'investissent pleinement dans ce domaine, je les considère comme des héroïnes. J'ai une grande admiration pour Were Were Liking, profondément féminine et farouchement indépendante sur le plan artistique. Elle a son mot à dire. Le frein, c'est aussi l'absence chronique de moyens dans des pays où la conspiration contre la production culturelle en général est ouverte. Même les hommes y éprouvent les pires difficultés à se produire, à exposer, à transmettre le message. Il y a aussi très peu de femmes, auteurs, peintres, directeurs de théâtre, organisatrices de spectacles... Certaines ont depuis longtemps proclamé la prééminence de la futilité et de la bagatelle sur une préoccupation trop sérieuse comme la culture.

Ce sont les hommes qui tiennent les carrières des femmes...

K.K: La dramaturgie de la société revient aux hommes. Il est évident que les femmes constituent à l'heure actuelle ce qu'on peut appeler une majorité *minorisée*. Et toutes les minorités subissent le même phénomène. Prenons les

Noirs aux Etats-Unis. Pendant longtemps, le jazz par exemple qui est une musique des noirs a été d'abord géré par des Blancs.

D.W: Tina Turner avait quitté son affreux Ike pour tomber dans des mains d'hommes. Le résultat de cette désertion prouve que tous les hommes ne sont pas des imbéciles. Je pense aussi à la fulgurante car-

Bintou de Koffi Kwahulé, éditions Lansman, 1997.

La pièce de Koffi Kwahulé, dont Gabriel Garran avait proposé en juin dernier une mise en espace avec les stagiaires de l'Atelier Afrique noire et blanche, sera reprise au Théâtre international de Langue française (Paris - La Villette) à l'occasion des Rencontres des Cultures Urbaines du 6 au 9 novembre, puis en création du 12 au 30. Cette pièce audacieuse traite d'un sujet encore tabou, surtout au théâtre: l'excision. En fait, le dramaturge d'origine ivoirienne met en scène dans ce texte les violences de la cité, celles d'une jeunesse délinquante qui laisse ses cadavres au coin de la rue, mais aussi la violence privée qui enterre les siens à la cave, l'une explose, l'autre étouffe, et quand ces deux violences se rencontrent, c'est une tragédie antique qui se dresse, une tragédie qui, au cœur de la modernité, va chercher le nerf de l'archaïsme pour mieux le mettre à vif et nous emporter dans un tourbillon bouleversant d'émotions.

Bintou a treize ans, elle est chef de gang, le nombril à l'air et le couteau au poing. *«Poussée envers et contre tous sur le froid béton d'une cité»*, elle rêve des ondulations de Samia Gamal: devenir danseuse du ventre. Elle est noire, fille d'immigration, fille du mouvement et de l'instabilité, ses repères ont volé en éclats; petite anguille qui glisse entre un père démissionnaire qui a perdu la face en perdant son emploi et qu'on ne voit jamais, une mère épuisée par les ménages, un oncle empli de désirs refoulés et tout raidi sous les préceptes d'une morale hypocrite; elle glisse entre Manu l'Européen, Kelkhal le Maghrébin, Blackout l'Africain, les trois jeunes mages qui suivent son étoile et sont prêts à toutes les offrandes, même si l'étoile file à contre sens dans la nuit, à 200 à l'heure, à bord d'une tire volée, même si son scintillement a la fulgurance d'un AK47 qui fait feu. Mais on ne domestique pas une anguille, même une fois la grande résolution prise, même une fois le voyage ancestral accompli sur la lame du couteau de Moussoba, elle file encore entre les doigts: *«Que la nuit seule soit témoin de ce drame. Lavez le sang et creusez la tombe ici. Personne n'aura l'idée de fouiller à l'intérieur même de la maison. Et n'oubliez pas que tant que le mur ne se fend pas, le cancrelat ne parvient pas à s'y loger»*.

rière d'Angélique Kidjo. Il y a certes des hommes autour d'une telle réussite. Mais je reste persuadée que rien n'aurait pu se faire sans elle, fière, tranchante, déterminée et digne.

On pense que les sociétés africaines continueraient à cantonner la femme dans un rôle...

C'est un cliché, parce que l'évolution de la condition des femmes dans les sociétés dites développées ne s'est pas faite grâce aux hommes. Il a fallu des circonstances historiques pour que cela change. Prenons la France: les femmes se sont mises à travailler parce que les hommes étaient au front. On s'est rendu qu'elles pouvaient travailler et elles ont pris confiance en elles-mêmes. Or, en Afrique, les femmes sont logiquement (c'est une façon de parler) en retrait, parce qu'on n'a pas encore le besoin historiquement de les inclure dans la société. Les Africains sont machistes comme tous les hommes mais ils ne le sont pas plus que les autres. Dans toutes les sociétés où les femmes faisaient des progrès, c'est parce que les hommes ont été mis par l'histoire devant le fait accompli. Nous ne l'avons pas encore été. C'est d'abord par leur lutte et je dirais aussi par les hasards de l'histoire que cela se fera.

D.W: Il y a plusieurs années de cela, j'avais initié avec deux amis journalistes à Cotonou un jeune orchestre féminin. Le principal obstacle, ce furet les parents qui n'ont pas encore compris qu'une jeune fille puisse être guitariste ou percussionniste, à côté de ses études. L'Afrique des *«grotto»*, des hommes politiques préoccupés par l'enrichissement personnel, de certains responsables culturels irresponsables ou sans pouvoir; l'Afrique des parents complices qui préfèrent envoyer leurs filles à la *cul-ture* plutôt qu'à la culture; l'Afrique des priorités majeures (santé, agriculture, armement)... Voilà une partie du mal. Jusqu'au jour où il sera compris par tous que le véritable pouvoir est culturel.

Propos recueillis et mis en accord par Soeuf Elbadawi.

Quelques ouvrages: de Koffi Kwahulé: «Il était une fois l'Amérique» (éditions Acoria 1997) et «Bintou» (éditions Lansman, 1997). De Dave Wilson: «Le suicide orchestré d'une poule si heureuse de vivre» (Africa - Editions du Bénin, 1996) et «Le cri n'était pas mâle» (introuvable).

« Les femmes ont été auteur et producteur dans la tradition également. Quand on crée des cérémonies ou lorsqu'on gère des rites d'initiation, on produit de la culture. Idem quand on fait une sortie de masques. Et les femmes avaient aussi leurs rites secrets. »

Annie-Paule T., artistes et journaliste à *Tant qu'il y aura des femmes, magazine de Radio France Internationale.*

Hexagone

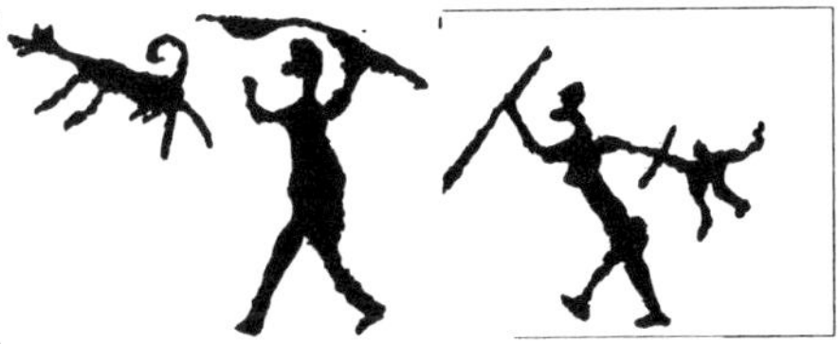

Gravures rupestres de l'Oued Djerat

Mémoires d'immigrés

de Yamina Benguigui

Le film - Structuré en trois parties de 52 mn (les pères, les mères, les enfants), il est une pure merveille : enfin une parole d'immigrés sur les écrans de la télévision, enfin une parole sensible permettant de saisir autant l'historique que l'humain. Le propos est centré sur la question du retour, ambiguïté partagée par les immigrés comme par les autorités françaises, et par la révolution qu'a apporté l'instauration du regroupement familial : les enfants étant davantage d'ici que de là-bas, les immigrés se fixent finalement dans le pays d'accueil.

Ce film a le grand mérite d'aller voir à notre porte ce que l'on ignore et agit ainsi comme un extraordinaire révélateur. Révélateur humain mais aussi révélateur des ambiguïtés historiques qui fondent les malentendus actuels. Sur un sujet où domine la confusion et les approximations, où remontent les préjugés issus de la figure de l'indigène colonial qui n'a cessé de se perpétuer dans les mentalités, où foisonnent les manipulations politiques, il éclaire avec force un débat essentiel et jette un pavé salutaire dans la mare des cristallisations xénophobes et identitaires. Il est urgent de comprendre et d'interroger nos représentations des populations immigrées : ce film émouvant et passionnant de bout en bout y contribue mieux que n'importe quel discours. (sortie en salle prévue)

Le livre (Canal + éditions, 216 p., 89 F) - Craignant de perdre la force de l'image, Yamina Benguigui a tenté de la restaurer par des descriptions souvent plates ou romanesques. Mais ces défauts de style n'enlèvent rien à la force des témoignages. Reprenant la même structure que le film, le livre est centré sur des portraits, sur la parole immigrée. Frustration : tout le contexte historique qui passionne dans le film manque. Pas grave : ces témoignages saisissent, étonnent, remuent. Le livre comme le film valent le détour. Mieux : ils sont incontournables.

Olivier Barlet

Le film sera visible à la Maison de l'étranger à Marseille le 5 déc.

Votre film tourne beaucoup autour de la question du regroupement familial. Quel en était en définitive le pourquoi ?

Personne n'est clair sur ce sujet. A partir de mai 68, un mouvement est apparu pour défendre les droits des immigrés, insistant sur leur éloignement de leur famille, mais c'était un mouvement d'intellectuels sans que les immigrés en fassent partie. L'aspect économique a joué : un immigré qui gagne 1000 F en renvoie 800 chez lui. Sous Giscard, on eut ainsi l'idée de mettre un terme à cette fuite de devises. La crise économique de 1976 et l'arrêt de l'immigration imposait aussi de stabiliser les immigrés présents qui, regroupés avec leur famille, « fabriqueraient » de la main d'œuvre à domicile. Le balayeur Mohamed et sa femme Fatima feront neuf balayeurs... Mais ils ont oublié une chose : que l'école est obligatoire ! Ils ne sont pas devenus balayeurs ou OS : l'école a marqué la différence avec leurs parents.

Le retour était donc remis en cause ?

Non car ça n'a pas été pensé. En 76, Stoleru met en place une aide au retour de 10 000 F qui n'a pas fonctionné. Mais il appuyait sur quelque chose de sensible : le retour demeurait dans la tête de nos parents. Les cartons étaient entassés dans le couloir, prêts à partir...

Vous dites dans votre livre que ce film a été pour vous un voyage initiatique.

Nous faisions partie d'un troisième monde : le Maghreb nous avait abandonné et pour la France, nous n'existions pas. J'ai voulu aller aux origines de cette histoire. L'idée de séparer dans le film les pères, les mères et les enfants permettait de comprendre les uns et les autres, et que chacun s'écoute. Je me suis préparé à ce voyage : il n'était pas question d'aborder l'immigration sans tenir compte de mon propre parcours. Au fur et à mesure de cette aventure, je me suis installée, calée, insérée dans la société, alors que ce n'est jamais clair pour personne. Je crois savoir maintenant ce qu'est être citoyen ! Nous étions sans cesse d'ici et de là-bas, alors que nous n'étions rien là-bas où nous ne sommes que des émigrés, en décalage total, notamment au niveau de l'émancipation des filles.

La différence était-elle très forte ?

Comme on me préparait au retour, on m'enfermait ! Les filles algériennes étaient plus émancipées que moi ! Les filles maghrébines de l'immigration sont toujours sur le fil du rasoir de la schizophrénie... Des douleurs et des chocs inimaginables ! Et nos parents nous apprenaient à ne rien dire...

Les jeunes de l'immigration ne revendiquent plus la différence comme ils le faisaient dans les années 80 : pourquoi un tel changement ?

La Marche des Beurs des années 80 était un vrai mouvement de citoyens : une reconnaissance du fait qu'on appartenait à la France et une main tendue : arrêtez de nous tirer comme des lapins ! Mais il revendiquait une reconnaissance des enfants, non des parents. Du coup, nous ne reconnaissions pas nos parents, qui se sont toujours tus et avaient peur de l'autorité. Ma mère tombait presque dans les pommes quand le facteur arrivait ! SOS racisme a ensuite récupéré un mouvement qui aurait pu être un mouvement de citoyens en affirmant une différence : ça nous arrangeait, nous qui n'avions pas réglé nos problèmes d'identité ! Le climat de la guerre du Golfe nous a rangé du côté des Arabes puisque nous nous disions que nous étions des Arabes : nous nous sommes identifiés à un leader débile qui tenait la dragée haute aux Américains et au monde entier... Nous étions encore dans la différence : nous revendiquions d'être Arabes, se projetant dans une mémoire qui n'est en rien la nôtre ! La montée de l'intégrisme, islam conquérant, que l'on exprime par exemple en se serrant la main comme dans les

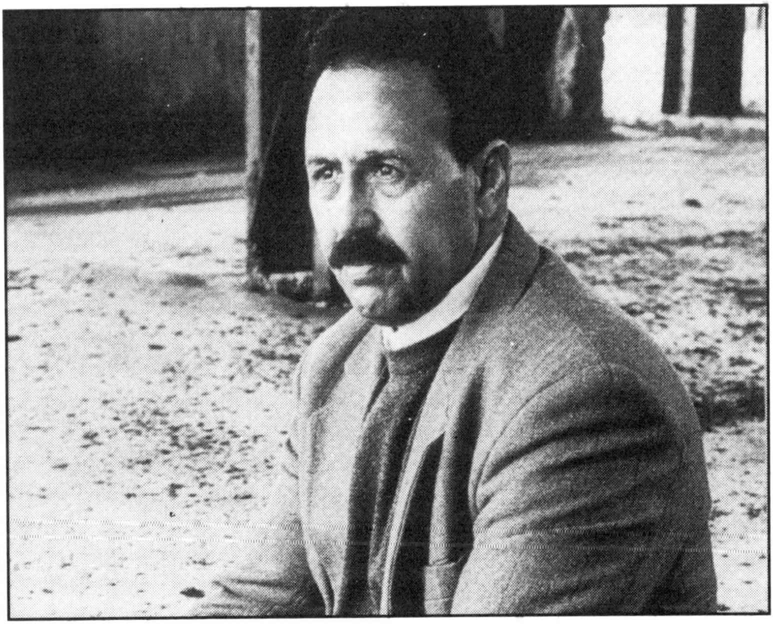

Les pères © Philippe Brault

banlieues, allait dans le même sens, plutôt que de se battre ici parce que je suis Française. Se battre, c'est voter, alors que chez nous, c'était la honte puisqu'on déconsidérait la société française, mettant la montée du racisme en avant. On déplaçait à nouveau le problème : revendiquer un autre territoire ! Faire ce film était donc ruer dans les brancards !

Comment a-t-il été reçu par la communauté maghrébine ?

Quand je l'ai montré à des salles avec plus de 80 % de Maghrébins, c'étaient des cris : enfin, tout le monde se déculpabilisait, se retrouvait, et disait « oui, on va peut-être enterrer nos parents ici ! oui, j'ai donné quarante ans de ma vie pour construire les autoroutes etc ! » C'était la dignité qui prenait la place sur la honte ! Le déracinement est une catastrophe : on ne retourne jamais sur sa terre comme on est parti. Peut-être après deux ou trois ans, mais pas après tant de temps. Pour nos parents, reconnaître qu'on ne les attend pas là-bas signifiait une mort immédiate ! Et personne n'avait osé soulever le problème de la vieillesse dans l'immigration maghrébine. Nos parents ne parlent ni de retraite ni de vieillesse : ils disent « je suis malade » ! Rien n'est encore nommé.

Un trait sans doute commun à toute l'Afrique est une retenue et une grande discrétion sur soi. Comment êtes-vous arrivée à faire ainsi parler les gens ?

Je ne me suis jamais positionnée en tant que réalisatrice : j'ai dit ce que j'allais faire, mais sous la forme d'une conversation et non de questions et de réponses. J'ai toujours été sincère en racontant quelque chose de ma vie, en sachant que c'était la méthode. Si vous demandez à ma mère comment elle va, elle répondra : « ça va ! ». Et les enfants ? « Ça va ! » Mais il paraît que Mouloud était malade ? « Non, non, ça va ! » Si par contre vous remarquez que votre mère est très malade parce que son fils etc, elle ne vous laisse pas terminer : « moi, mon fils etc. » Il s'agissait de les remettre dans le même contexte que leur vie sociale où les femmes sont toujours au moins à deux, sans les agresser, en respectant les silences. Je relançais toujours par le début d'une autre histoire.

Vous avez pourtant systématiquement gommé ce que vous disiez.

Oui, c'est ma façon de réaliser mes documentaires. Je crois qu'ainsi, la personne est avec vous : il n'y a pas quelqu'un au milieu, pas d'intermédiaire ! De la même façon, il n'y a pas de commentaires. Quand Canal + a su qu'il allait durer trois heures sans commentaires, ils ont poussé de hauts cris ! Je leur ai expliqué que j'avais un regard plus cinématographique que reportage. J'ai été à l'école de Jean-Daniel Pollet. On y rentre comme dans un film.

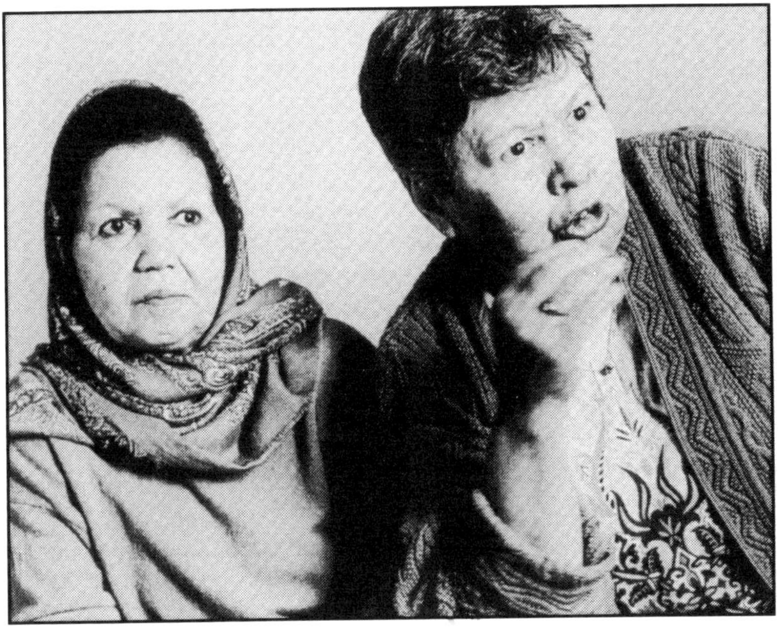

Les mères © Philippe Brault

C'est vrai que ce n'est pas de la fiction mais qu'on nous raconte une histoire.

Voilà. Chaque personne arrive avec sa personnalité et prend tout l'espace. Mon travail était de construire et de faire en sorte qu'on ne les oublie pas. Je suis aux antipodes de Mireille Dumas qui s'impose tellement qu'on ne voit plus qu'elle ! Pas besoin d'être Maghrébin pour être touché.

Et le choix des musiques ?

La musique joue un grand rôle car elle incarne la mémoire : Enrico Macias etc.

Le constat sur les femmes est très amer...

Les pères avaient une fonction d'aller travailler. Les mères n'avaient que les murs. Elles n'ont pas fait le choix de venir : elles ont suivi le mari. Souvent un mari qu'elles n'aimaient pas puisque mariées d'office par la famille. Et elles se retrouvaient en France dans des conditions de bidonvilles où il leur fallait aller cherche l'eau à pied etc. Elles quittaient la place de la femme dans la société maghrébine : la famille, le hamam, les mariages et les circoncisions qui sont organisés par les femmes etc. Avec les assistantes sociales, elles ont évolué mais se sont retrouvées coincées car elles ont menti à la famille du pays. Les femmes maghrébines se griffaient, s'éclataient le front sur un mur : j'ai

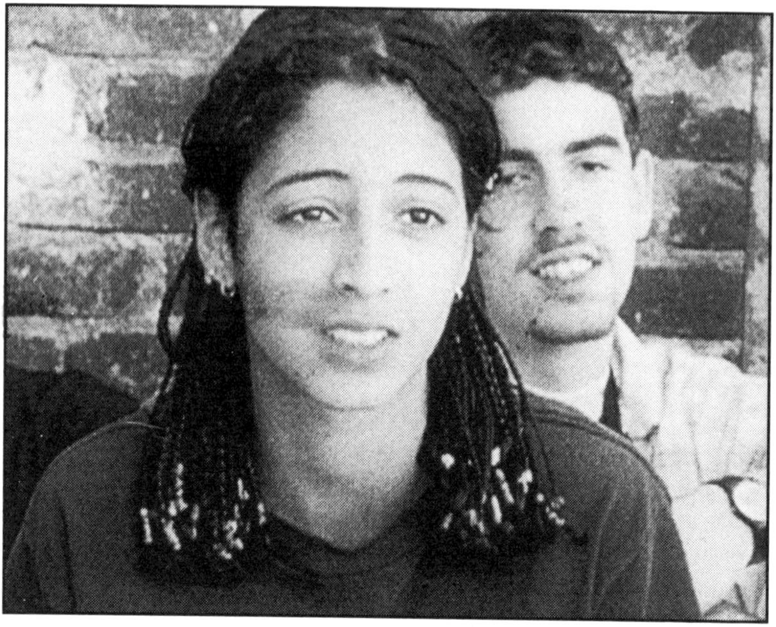

Les enfants © Bandits production

un mur : j'ai vu tout cela au quotidien ! J'ai compris plus tard que cela s'appelait la dépression. Une fois que ma mère était malade et se laissait carrément mourir, le médecin lui a dit : « rentrez dans votre pays : c'est lui qui vous manque ». Et elle s'est mise à pleurer en silence. Ce médecin avait compris le déracinement d'un exil sans choix. Les pères, eux, étaient venus pour travailler et évoluer. C'est pour cela que je commence le film qui leur est consacré par ceux qui, après huit heures de chaîne à l'usine, s'endimanchent le soir pour aller suivre des cours de français ! On les a malheureusement freinés...

Justement, ce freinage... Pourquoi n'y a-t-il jamais d'expression d'immigrés dans les télévisions françaises ?

Même les leaders des mouvances culturelles actuelles des immigrés ne montrent pas leurs parents ! Comme s'ils étaient sortis de rien ! Ils en ont honte ! Pourtant, la France n'aurait pas les problèmes de banlieues qu'elle connaît si on avait reconnu et montré nos parents. Je me suis battue pour faire ce film : la 2, la 3, Arte me l'ont refusé. Alors que sur Arte, on aurait pu faire un débat après le film avec des gens ordinaires, pas des sociologues et des spécialistes ! Trois heures sur les Maghrébins : qui cela allait-il intéresser ? Alors que tout le courrier que je reçois me demande pourquoi le film ne passe pas sur une chaîne publique !

Quel rôle a joué le fait d'être une femme ?

Un tel film ne pouvait venir d'un garçon. Les mères ne se seraient pas exprimées ainsi. Et les frères ont intégré le message des pères : ils ont toujours la gêne et le complexe de « pleurer » devant un Français, c'est-à-dire de se livrer tels qu'on est.

Comment avez-vous ressenti l'affaire du foulard islamique ?

L'affaire de Creil m'a interpellée en tant que femme musulmane. S'agissait-il d'une malédiction d'être née musulmane ? On nous voile ; on nous enferme ; on ne se marie pas sans l'accord d'un homme. J'ai essayé de voir comment le même verset du Coran était vécu dans des sociétés différentes : j'ai compris que c'étaient les traditions qui remontaient et non l'islam lui-même. L'excision est une tradition pharaonique... Je n'allais pas me laisser enfermer ainsi. Je crois qu'on est dans un problème identitaire de gens qui n'ont pas de place : les garçons ont fait la Marche des Beurs et les filles ont porté le voile. C'était pour elles une façon d'être libre, et notamment vis-à-vis de leurs parents qui ne sont pas toujours d'accord. La femme iranienne est combattante. En appliquant le Coran à la lettre, mon frère n'a pas le droit d'entrer dans ma chambre ; on ne me touche pas ; si je porte le voile, je peux conduire ma voiture jusque tard la nuit ! Le problème est qu'elles se situent en tant que musulmanes et non en tant que citoyennes. Toujours la logique de la différence...Ce n'est pas en mettant un voile dans une société non-musulmane qu'elles résoudront les choses. Les laisser faire, c'est les laisser aller droit dans le mur, avec la schizophrénie au bout.

propos recueillis par Olivier Barlet
Paris, septembre 1997

Paris musique
Lema l'alchimiste

S'il y a un artiste africain qui déstabilise ses contemporains dès lors qu'il s'agit de se définir musicalement avec des origines, marquées, qui figent, c'est bien Ray Lema.

Enfant, on le surnommait le *mundélé n'dombe* (le blanc noir) dans son pays, à cause de son engouement pour une musique supposée *«blanche»* par ses compatriotes et à travers laquelle s'alignaient Bach, Mozart et Beethoven dans le désordre. Adulte, son public, occidental en bonne partie, le préfère plutôt africain et typé dans ses délires multiples. En réalité, une seule chose l'obsède: trouver le meilleur son qui soit et le faire partager au plus grand nombre... de mélomanes. Il est musicien avant tout. Un musicien qui a sillonné le monde à sa manière (en diagonale) et qui a su s'enrichir au contact de l'Autre, avant de venir s'établir (définitivement? Ou occasionnellement... pour se ressourcer avant chaque nouvel album?) sous les lumières fatiguées de Paris la fière et de jouer les intégrés de la seconde heure (traduisez cette expression par la notion d'immigré accepté et respecté, parce que talentueux dans son domaine). Paris, lieu mythique, fait de rencontres diverses et variées, salue son courage et lui redonne toute la force de son inspiration. Résultat: le son de Ray Lema, atypique et multiforme, refuse de fait les subtils clichés qui figent.

L'homme est natif du Zaïre mais se refuse à reproduire le son clichétique du soukouss triomphant, façon *fesse-qui-roulent...* Il y a fait ses premières armes: une formation classique au piano dès l'âge de onze ans, peaufinée dans les paroisses de Kinshasa. Suivi d'une découverte des vertus de la guitare dans les formations locales, sur fond de rock et de rumba. Et d'une virée seventies dans les différentes ethnies du pays, qui lui a permis de parfaire ses connaissances en matière de traditions rythmiques... Il revendique haut et fort son africanité profonde. Mais comme tous les citoyens du monde qui se respectent, il déteste un certain repli identitaire, qui n'aurait de cesse de limiter (ghetto?) son apport à l'universel de la création.

Ouverte à toutes les influences possibles et inimaginables, son œuvre, unique en son genre mais pluriel dans son discours, est donc à l'image de son parcours. Un parcours qui déroute... Un coup, on le croit en effet englouti par le rêve américain, pays où il enregistre son premier album, alors qu'il s'installe déjà à Paris prêt à y inventer le son parfait de la techno-soukouss. Le lendemain, au réveil, on se demande s'il va se laisser sublimer entièrement à Londres par Groucho son ingénieur du son jamaïcain. En fait, il est déjà de retour à Paris (c'est la *town* référence), en train de s'amuser avec une brochette de stars (Higelin, Dibango, Bashung...) sur son nouveau groupe, le «Bwana zoulou gang».

Et le rêve du citoyen du monde continue... puisqu'il joue ensuite avec les Mahotella Queens d'Afrique du sud, s'aventure en duo avec le pianiste allemand Joachim Khun, s'empare du mystère des voix bulgares en compagnie du professeur Stephanov et de l'ensemble Pirin', dirige la musique du ***«...Touareg qui s'est marié avec une pygmée »,*** un spectacle de Were Liking et du groupe Ki-yi M'bock en côte d'Ivoire. La liste est longue. On en sortirait pas. On pourrait bien sûr citer un de ses plus pourrait bien sûr citer un de ses plus grands rêves d'alchimiste du son... Il s'agit de **« Green light »**, sorti l'an dernier... un chef d'œuvre d'une modernité inattaquable, où l'harmonie et le rythme ne font vraiment plus qu'un.

Mais notre homme est tenace. Perfectionniste comme il est, il en veut toujours plus. Il s'est donc remis à l'œuvre, en éternel insatisfait. Comme atteint d'une obsession, à la recherche -peut-être- du son de demain. Rien de plus normal, me direz-vous, pour un magicien qui ne défend en réalité qu'une chose: la science des vibrations. C'est ainsi que **« Stop time »**, son dernier bébé -un pur délice- est né. Une pure merveille qui s'inscrit incontestablement dans la continuité la plus totale de son oeuvre. Même si certains gentils petits copains, prétendus plus africains que lui, continuent à penser (à tort probablement) que le «Monsieur» fait de la musique pour blancs. Une aberration comme une autre... Mais que voulez-vous? Puisque le monde continue de tourner, avec Ray Lema dans ses valises, depuis Paris.

Soeuf Elbadawi.

« Stop tim e» est disponible chez Buda Musique. Et Ray Lema est en concert le 5 nov. à l'inauguration de Porte 2A à Bordeaux, le 12 déc. à Massy Palaiseau, le 20 déc. au festival Africolor à St-Denis, le 16 janvier à la Celle St-Cloud

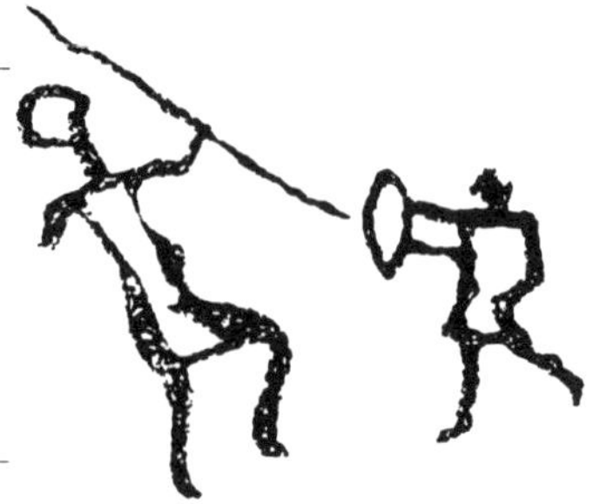

Actualité cinéma

gravure rupestre de l'Oued Djerat

Kini & Adams
d'Idrissa Ouedraogo

Kini et Adams sont deux paysans qui tentent de survivre et ne rêvent que d'un ailleurs : la ville. Ils investissent leur temps et leurs faibles moyens dans la réparation d'un vieux tacot qui pourra les emmener et leur permettre d'y gagner de l'argent. Mais entre les deux hommes, jalousie, ambition et rivalité vont dresser un mur que leur amitié ne pourra peut-être plus franchir.

C'est ce mur qui intéresse Idrissa Ouedraogo, ce mur qui se bâtit à l'intérieur de chacun dans une société déchirée entre ce qu'elle devient et ce qu'elle a été. C'est ce *cri du cœur* (titre du dernier film d'Idrissa) qui n'est plus une opposition entre tradition et modernité mais l'émergence d'un nouvel individu qui ressent de façon dramatique tant la fascination qu'exerce sur lui la réussite technique occidentale (et le bien-être consommatoire correspondant) que la vacuité et l'anormalité des valeurs qu'impliquent ce modèle entièrement soumis aux logiques du pouvoir, du profit et de l'exclusion des plus faibles. C'est de cette scission que parle le film, de ce dédoublement de la société, de cette déchirure en chaque individu, qui conduira à la fin d'une amitié et au dénouement tragique d'un homme qui ne peut assumer l'appauvrissement qui lui est proposé. On est loin du héros de western libre de ses actes, délesté des pesanteurs de la coutume et affranchi des contrôles de l'Etat, pleinement disponible pour un destin qu'il a le pouvoir, s'il le veut bien, de définir et d'amplifier. Le cinéma a justement abreuvé l'Africain de ce type de héros, à la fois fascinants et perturbants, choquant tout ce qui perdure en lui d'éthique et d'esthétique traditionnelles. Si Kini et Adams, dans leur ambition sociale, cherchent chacun à leur manière à s'affirmer individuellement, c'est bien dans un refus de un refus de l'individualisme qu'ils expriment finalement leur quête d'individualité et c'est ce qui m'intéresse dans les cinémas d'Afrique aujourd'hui : comment ils tissent, non sans hésitations et douleurs mais différemment du modèle occidental, la toile de cette « *révolte du moi* » évoquée par des critiques arabes tels que Khémais Khayati.

Idrissa Ouedraogo ne mise pas sur la pure description de la réalité : son cinéma est avant tout fictionnel. Il ne mise pourtant plus vraiment sur la représentation : il ne cherche plus comme dans ses premiers films à faire prendre conscience son spectateur par une vision du monde, par l'affirmation d'un regard. Ce qui l'intéresse est d'explorer l'humain en crise pour pouvoir mieux affirmer de façon presque obsessionnelle une *idée* : l'humain tout court. C'est ce qui rend son cinéma si théâtral (cette théâtralité qui finit par gêner) : chaque fois que deux personnages (j'allais dire deux *caractères*) vivent un conflit, il se dépêche de mettre en scène leur réconciliation. Kini et Adams est l'histoire d'une perpétuelle retrouvaille. Même dans l'extrême, dans la mort, les deux amis se retrouvent en une même image récurrente (les deux amis sur fond de soleil couchant) dont le kitsch reflète la fétichisation du thème : leurs oppositions n'étaient que du spectacle, une *comédie humaine*, et donc en fait sans cesse dépassées car leur lien est plus fort. Comme si Idrissa ne voulait pas aller au fond de son introspection, par peur d'atteindre ce qui nierait l'idée qu'il se fait de la fraternité humaine, la reconnaissance en somme que le mal existe en l'homme tout aussi naturellement que le bien. C'est dommage, car c'est justement cette introspection qui fait la valeur de son cinéma et son actualité. Et car ce film à la fois drôle et tragique, rythmé, tonique, touchant et en définitive très réussi risque pour cette raison d'être perçu une fois de plus (et bien à tort) comme un étalage de bons sentiments.

Olivier Barlet

entretien : Idrissa Ouedraogo

Peux-tu dire aujourd'hui que l'Afrique australe est une alternative valable aux difficultés rencontrées en Afrique de l'Ouest ?

Oui, dans la mesure où nos expériences peuvent se compléter : ils ont par exemple développé la musique et le jeu des comédiens durant la résistance à l'apartheid. La langue est aussi un atout : l'anglais est un vécu dès la naissance alors qu'en Afrique de l'Ouest, le français s'apprend sept ou huit ans à l'école. Cela donne une facilité d'expression et d'élocution que nous n'avons pas lorsque nous faisons nos films en français : nous n'échappons pas à une certaine théâtralité. Lorsque nous les faisons en langues nationales, la diffusion est difficile et on finit par ne faire un film que pour son propre public. J'ai donc pensé que l'anglais me permettrait un autre type de direction d'acteurs. Et au niveau du travail, ils sont plus pratiques et ambitieux alors que nous sommes plus rêveurs...

> « Affirmer pour l'Afrique la haine, la joie, la violence, l'amour, c'est la restituer hors des clichés »

Les comédiens ont été formés au théâtre : est-ce une difficulté pour le cinéma ?

Ce n'est pas un obstacle si le comédien dépasse la théâtralité. Même dans un premier film comme Fools du Sud-Africain Ramadan Suleman, on voit que le jeu des acteurs apporte un véritable contenu émotionnel.

On entend souvent que ton cinéma n'est pas social et ne dérange pas l'ordre établi. Qu'en penses-tu ?

Les thèmes sont en fonction des urgences que l'on ressent. Mon combat était celui de l'image et du son, un combat artistique. Les cinémas d'Afrique ont certes tendance à se vouloir « dérangeants », mais qu'est-ce que cela veut dire ? La jeunesse d'Afrique s'identifie à ceux qui les font rêver, comme les footballeurs et les musiciens. Il ne s'agit pas « d'éduquer » mais de répondre aux aspirations d'existence de peuples dont on a longtemps nié la culture. Affirmer pour l'Afrique la haine, la joie, la violence, l'amour, c'est la restituer hors des clichés que le monde s'est forgé et que nous avons souvent entretenus. Je ne porte pas de jugement sur les autres démarches cinématographiques : nous sommes nombreux et le champ est vaste. Pour moi, le cinéma n'est pas seulement un discours politique mais aussi un discours filmique : j'avais des étapes à franchir et je me sens mûr aujourd'hui pour m'attaquer à autre chose.

Quels sont tes projets ?

Un film sur la pénétration coloniale au Burkina afin de poser les mécanismes de la colonisation mais aussi les ambitions contradictoires du chef mossi Boukary. C'est une entreprise difficile : rien ne sert de retracer l'histoire d'un peuple si les héros ne convainquent pas. Il faut de bons comédiens et une maîtrise du cinéma mais aussi une vision des choses. En attendant de monter cette grosse machine, je vais faire un film simple et léger dans un quartier avec le scénariste gabonais Imunga Ivanga, fraîchement sorti de la Fémis.

Je suis frappé par la continuité dans ta thématique sur la déchirure de l'homme africain dans une société en transformation rapide.

Avec Kini et Adams, je voulais traiter à travers l'amitié de tout ce qui se passe autour de nous en Afrique : les déchirements qui empêchent le dialogue. Adams n'arrive pas à véritablement parler à Kini de leurs conflits. Ce sont tous ces événements que je personnifie à travers ces deux hommes, cette poudrière qui en train de se mettre en place. Bien sûr, les causes sont à chercher dans l'impérialisme, les armes etc. mais il faut poser la question de notre devenir dans une ouverture au dialogue. L'ambition de Kini s'oppose à la faiblesse d'un Adams finalement très manipulable.

Comment s'est passée l'écriture du scénario ?

Elle a été très rapide. Nous avons repris, Olivier Lorelle et moi, la trame ébauchée avec Santiago Amigorena et l'avons bouclé en un mois. Ce film s'est fait très vite : 40 jours de tournage, montage rapide etc. Maintenant que je connais la potentialité en comédiens, décors et techniciens de l'Afrique australe, je pense que je vais faire encore un bout de chemin avec eux.

Dans le film, la tension est souvent résorbée par une réconciliation : est-ce ta vision de l'homme ?

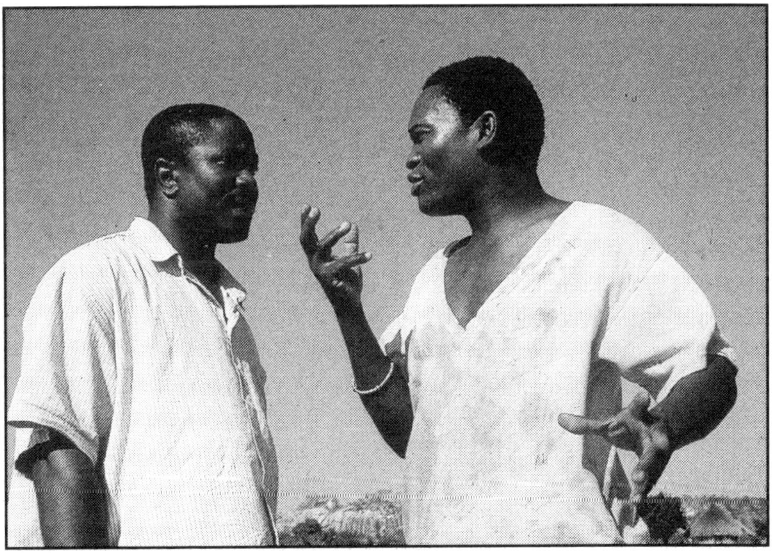

Vusi Kunene, Kini, et David Mohloki, Adams.

Effectivement, cela part de l'idée que tout problème trouve sa solution. Mais au fond, c'est un problème d'écriture. On me reproche de ne pas aller au bout de mes idées. Je refuse parfois d'accepter un traitement différent, par peur d'un reproche de naïveté que je finis par intégrer ! Alors qu'il faudrait sans doute oser davantage, se détacher d'une vision purement intellectuelle et psychologique et s'approcher de ce que le vécu quotidien recèle d'étonnant... On n'arrive pas à se laisser aller dans un style d'écriture hors-norme qui serait issu des contes et des veillées nocturnes et pourrait être partagé par tous car ce sont des formes accessibles de récit.

« Il faudrait abandonner cette démarche première de vouloir être la conscience de nos peuples. »

On te reproche justement parfois un manque d'africanité...

Etonnamment, le public d'Afrique se reconnaît davantage dans des films comme Kini et Adams ou Le Cri du cœur ! Cela m'encourage à poursuivre ma voie : il attend de nous que notre langage soit davantage cinématographique et qu'on ne cherche pas à leur donner des leçons ! Il le ressens comme du mépris. Les cinéastes qui disposent du pouvoir de la parole se pensent une obligation de message politique alors qu'un cinéaste est simplement quelqu'un qui veut échanger une vision avec d'autres. Il faudrait abandonner cette démarche première de vouloir être la conscience de nos peuples et affirmer davantage notre cinéma comme l'expression de notre propre conscience. Nos publics en savent souvent beaucoup plus que nous sur les conditions de leur survie !

Le comique de Kini et Adams a quelque chose de tragique...

Les blagues évoluent avec leur propre relation. Ils disent eux-mêmes que c'est triste, mais que c'est la vie...

Dans la discussion sur l'économie des cinémas d'Afrique, tu te fais souvent le chantre du réalisme...

Notre problème est notre refus de nous regarder nous-mêmes dans notre diversité et nos différences. Nous représentons souvent un cliché de ce que nous sommes ! Si nous nous détachions de cette croyance en l'homogénéité, nous pourrions mieux soutenir ceux qui se battent pour changer les choses. Les cinéastes ont toujours pensé être des marginaux, si bien que nous manquons des cadres nécessaires à l'évolution de notre métier. Les fonctionnaires s'accaparent souvent les moyens de production alors qu'il aurait fallu poser les problèmes du cinéma en dehors des structures bureaucratiques. Cela conduit à un cinéma sans fondedements et même sans connaissance de son propre passé. Faire des films était pour nous un moyen de pression ! Maintenant que les aides européennes sont menacées, nous n'avons pas de réponse collective. Si nous arrivons à replacer la culture dans la logique du développement, les activités culturelles décentralisées retrouveront leur place pour un développement qui s'appuie sur les relations sociales.

On sent du côté des gouvernements une évolution du discours...

Certes, mais ce sont encore des mots. Nous pourrions au niveau de l'économie du cinéma tenter la nouveauté...

Que penses-tu de l'initiative de Souleymane Cissé avec le colloque de Bamako ?

J'ai été un des premiers à y répondre. Mais il me semble qu'il faut partir des expériences déjà faites, comme le CIDC et Diprofilms, c'est-à-dire partir de dynamiques existantes ou ayant existé. Cissé aura du mal à créer lui-même la dynamique. Je crois qu'il est plus simple au départ de se battre pour son propre cinéma dans son propre pays. La réalité panafricaine est terriblement complexe et mieux vaut rester dans le cadre des organisations comme l'OUA ou la CEA qui disposent d'une grande crédibilité dans la recherche de financements globaux.

Propos recueillis par Olivier Barlet, Bruxelles juin 1997

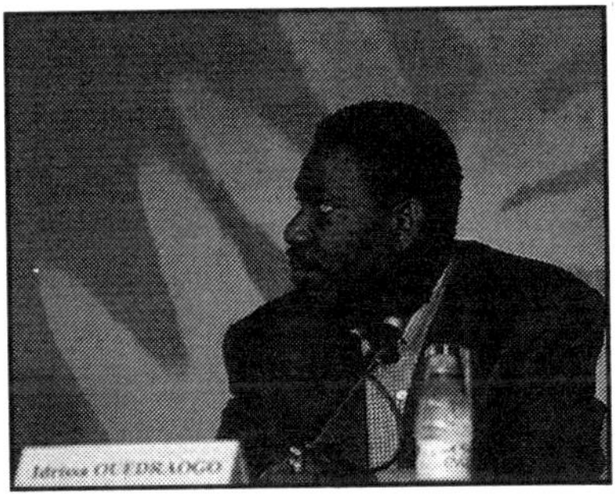

Idrissa Ouedraogo

Né en 1954 à Banfora (Burkina Faso), il étudie le cinéma à l'Inafec (Ouagadougou), à Moscou et à l'Idhec (Paris). Il est le plus prolifique des cinéastes africains. Il commence par une série de courts métrages, notamment *Les Ecuelles* (1983), *Ouagadougou, Ouaga deux roues* (1984), *Issa le tisserand* et *Tenga* (1985), ainsi que Obi (1991) auxquels s'ajoutent sept longs métrages : *Yam Daabo* (*Le Choix*, 1987), *Yaaba* (1989), *Tilaï* (1990) qui obtient le Grand prix du jury à Cannes et au Fespaco, *A Karim na Sala* (1991), *Samba Traoré* (1992), *Le Cri du coeur* (1994) et *Kini et Adams* (1997).

En 1991, il met en scène *La Tragédie du Roi Christophe* d'Aimé Césaire à la Comédie française.

100 % Arabica
de Mahmoud Zemmouri

L'Algérien Mahmoud Zemmouri aime se moquer pour interroger l'actualité. Dès sa première fiction, *Prends dix mille balles et tire-toi* (1981), il adoptait le comique pour dénoncer les conséquences de la politique du gouvernement français qui offrait 10 000 F aux émigrés désirant retourner « *dans leur pays* ». *Les folles années du twist* (1983) dépeignait la guerre de Libération de l'Algérie comme une farce bruyante. Et le tournage de *De Hollywood à Tamanrasset* (1990) failli être interrompu par les interventions parfois violentes des fondamentalistes musulmans.

100 % Arabica joue sur la même corde pour décrire le bouillonnement d'un quartier de banlieue parisienne. La musique y domine comme une carte d'identité, avec Khaled et Cheb Mami dans les rôles principaux, au point qu'on a vite l'impression que le film n'est fait que pour eux. L'imam magouilleur qui ne cherche que le flouz et terrorise le quartier est stéréotypé à l'extrême : les bandes ne sont pas dans le camp qu'on croit ! Il s'exprime comme les autres : « *Une mosquée, c'est comme une PME. Si t'as pas la poigne, c'est le dépôt de bilan !* » Le film devient ainsi une anthologie permanente d'expressions imagées, au détriment bien sûr du naturel des personnages. Mais qu'importe puisque l'intention est claire comme de l'eau de roche : affirmer dans l'humour que la pluralité de la société française lui donne une vitalité aussi forte que la bande son ; et

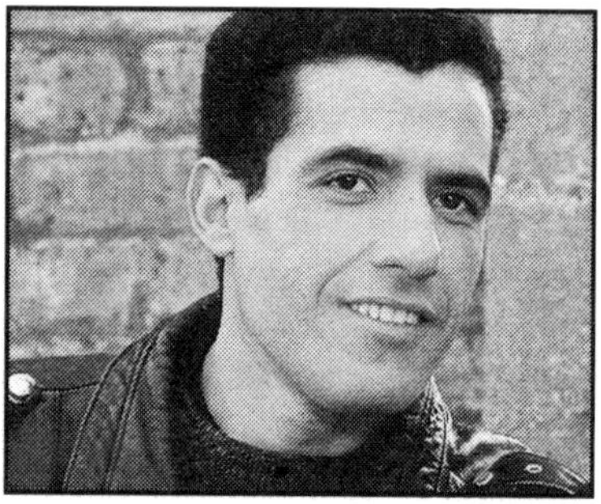

Cheb Mami dans 100 % Arabica

régler au passage ses comptes avec le danger intégriste pris pour ce qu'il est au fond : volonté de puissance et arnaque.

La caricature a l'avantage d'annoncer la couleur : en ne jouant pas dans la dentelle, Zemmouri évite la carte postale. On peut regretter les finesses du *Bye-bye* de Karim Dridi ou du *Salut Cousin* de Merzak Allouache qui ouvraient à une vraie réflexion. Mais on passe un bon moment de détente et, après tout, c'est une denrée rare au cinéma.

Olivier Barlet

Imuhar, une légende
filmé par Jacques Dubuisson

Une légende ? Quelle légende ? Son père touareg fait découvrir à Khénan, son fils de 11 ans qui a toujours vécu à Paris, sa famille d'origine, dans les sables du Niger. Khénan est déboussolé par la perte récente de sa mère française et s'initie au mode de vie et de penser d'une famille qu'il ignorait. Grand-père initiateur, jolie cousine, pratiques solidaires dans le désert, échanges réduits à des regards ou à des gestes, caravanes... Khénan voit la mort sous un autre angle. Le film cherche à respecter une culture que nous découvrons avec Khénan selon un procédé narratif éculé. Mais c'est dans des images cartes-postales alternant une sempiternelle esthétique de philtres ocres et de nuits américaines qu'Annick Denoyelle et Jacques Dubuisson semblent placer ce qu'ils appellent une légende. Images décoratives, dialogues stéréotypés... Tout le monde est beau et personne n'est contradictoire dans cette peinture idyllique d'une société présentée comme immuable. Le contraire d'une légende, en somme. A force d'admirer l'autre, on le fige dans ce qu'il n'est pas. « *Imuhar, dit Kénuni, est un mot qui veut dire "être libre" alors que Touareg est un nom donné par les Français* ». De l'art de dire le contraire de ce qu'on veut dire...

Olivier Barlet

Keïta, l'héritage du griot
de Dani Kouyaté

Dani Kouyaté ne manque pas d'air : pour son premier long métrage, il adapte la légende mandingue la plus célèbre d'Afrique francophone, celle que bien des cinéastes rêvent de faire le jour où ils en auront les moyens : *Soundjata*. Et cela avec un budget dérisoire. Catastrophe ? Aucunement ! *Keïta* est un film attachant, profond, sensible et tout à fait abouti. Marqué par la qualité d'interprétation de Sotigui Kouyaté, père de Dani, il joue sur un va-et-vient où il puise sa force et sa légitimité. Ce griot se rend en ville pour raconter au jeune Mabo Keïta l'origine de son nom, ce qui permet à Dani Kouyaté d'alterner le récit oral et son illustration le récit filmique tel que l'imagine l'enfant, c'est-à-dire avec les moyens du bord. Il met donc en scène l'Afrique du XIIIe siècle sans se soucier de l'exactitude historique des costumes ou des décors. Plus encore, il prend avec la légende la liberté qui lui convient, joue d'humour dans certaines situations et en filme d'autres avec une simplicité parfaitement décomplexée.

Mabo est passionné par le récit du griot, au point de sécher l'école. L'instituteur (l'inimitable Abdoulaye Komboudri) vient le voir pour lui demander d'attendre les vacances. Et le griot de lui demander son nom et s'il en connaît l'origine : « *Que peux-tu enseigner aux enfants sans connaître ton origine ?* » Tout le film est dans cette quête : « *Rappelle-toi toujours,* dit le griot à Mabo, *que le monde est vieux et que le futur sort du passé* ».

C'est une quête sans fin : le film n'épuise pas la légende et propose au spectateur de tourner comme Mabo autour du baobab, c'est-à-dire de se débrouiller pour en connaître la suite.

Mais c'est une quête essentielle pour le temps présent. La légende de Soundjata est née dans un contexte guerrier : elle sert de légitimation à la puissance d'un roi. Le griot ne la reprend que pour l'utiliser : il la manipule, la transforme à sa guise pour servir son propos. Comment dès lors s'éton-

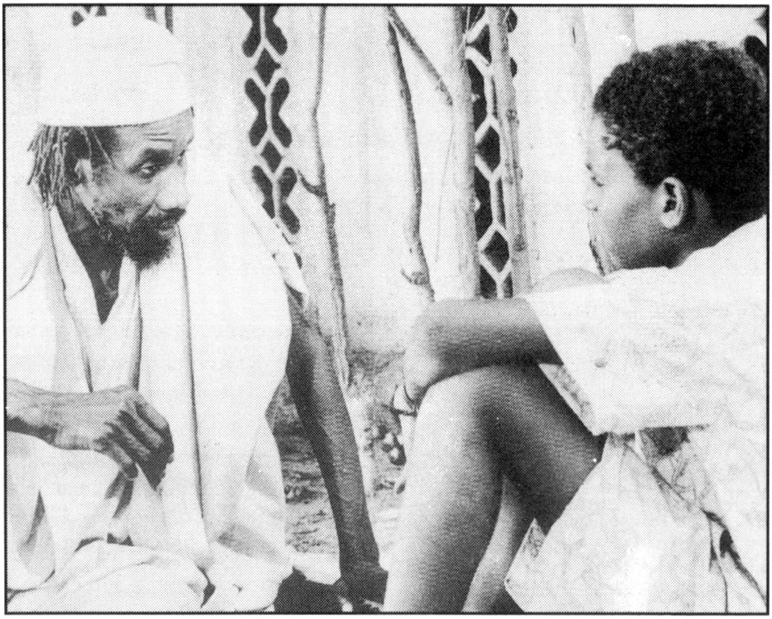

Sotigui Kouyaté et le jeune Mabo dans *Keïta, l'hétitage du griot,* de Dani Kouyaté ner qu'un griot moderne s'empare du cinéma ? Les griots ont coutume de dire que la parole est comme l'arachide : il faut la décortiquer. Le cinéma est un moyen moderne de lutter contre la mort lente de la parole, c'est-à-dire les valeurs qui sous-tendent une société, que livrent les récits mythiques. Décortiquer la parole par l'image sera dès lors une véritable lutte culturelle. Sans que cela ne débouche sur des vérités toutes faites : « *Il n'y a pas de frontière entre vrai et le faux*, dit Dani Kouyaté. *Tu dois toujours décoder toi-même. C'est le sens de la fiction.* »

Olivier Barlet

Actualité théâtre

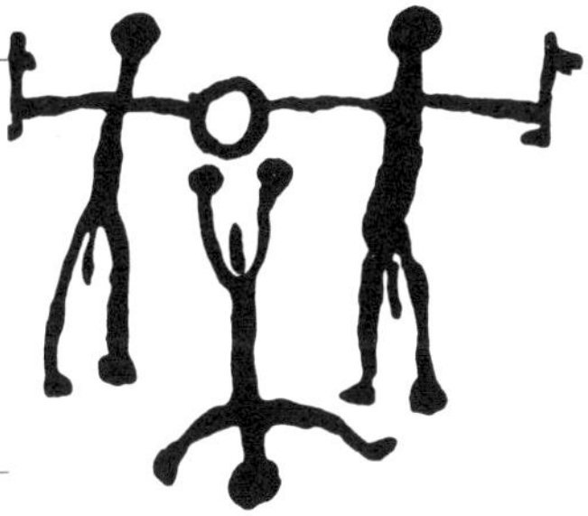

Timma (Haracua), Negev

Limoges 97 : Les Afriques d'un Festival pluriel

Si le cru 1997 du Festival international des Francophonie révèle une créativité plus ou moins disparate autour des dramaturgies africaines, on doit saluer en revanche la vitalité déconcertante de ces artistes du Sénégal, du Mali, du Burkina Faso, du Cameroun, de Guinée Bissau... tels Fatoumata Touré, Oumy Samb, Werewere Liking, Coco M'Bassi, les musiciens du Ki-Yi et ceux du théâtre Spirale, qui après les spectacles sont venus régulièrement rassembler les festivaliers autour de concerts d'une qualité rare. Impossible aussi de ne pas reconnaître la productivité des auteurs du Sud, illustrée par les nombreuses lectures organisées par le Festival. On a pu ainsi entendre *Les Indépendan-tristes* de William Sassine, *Fama* de Koffi Kwahulé et les *Brèves d'ailleurs* de la Maison du Geste et de l'Image : *Le Puits* de Jean Luc Raharimanana, *Le mot dans la rosée* de Koulsy Lamko, *...et son petit ami l'appelait Samiagamal* de Koffi Kwahulé, *Trente-trois tours à son Turban* de Latifa Ben Mansour, *Happy end* de Kossi Efoui.

Sylvie Chalaye

Sarcophages sans fond pour voyageur sans bagages

***La Fable du cloître* / Caya Makhélé / Patrick Mohr**

Enfoui sous les sacs en plastique déchirés qui lui servent de maison, le torse pris dans les rets d'un maillot de corps démaillé, Makiadi se réveille un matin comme tous les autres matins. Mais ce jour-là, pour la première fois de sa vie, quelqu'un lui a fait parvenir une lettre, et c'est une lettre d'amour ! Celle d'une femme qui l'aime et le supplie de venir la chercher dans le monde des morts, celle d'une morte qui donne enfin un sens à sa vie. Mais le pays des morts, c'est dans quelle direction ?

La barbe en bataille, l'oeil pétillant et le regard malicieux, Hamadoun Kassogue nous convainc très vite qu'il est impossible d'imaginer Makiadi autrement. Il a la légèreté du « passe-muraille », la transparence d'une véritable écoute de ses partenaires, la présence, la gravité et la mutabilité nécessaire au héros engagé dans un parcours initiatique. La larve urbaine se métamorphose peu à peu en papillon mystique qui sur ses ailes nous fait traverser l'autre monde.

Descendre aux enfers, voilà un voyage bien sombre qui évoque un monde d'ombre, où le mystère se fait opacité. Mais Patrick Mohr ne s'est pas engouffré dans les idées reçues qui habitent notre conscience collective. Il a choisi de jouer sur la transparence et l'évidence d'un au-delà qui n'a rien de lointain : un plateau ouvert sans décor où le cercle griotique de la fable qui va nous être racontée est circonscrit par la présence des acteurs assis sur des tabourets, en ligne, de part et d'autre du plateau ; des armatures métalliques en forme de parallélépipède qui découpent dans l'air le volume de plusieurs cercueils ; quelques tambours et instruments traditionnels pour bruiter réalités et rituels. Mêmes les murs que traversent les fantômes ne sont que des paravents d'illusionniste à double fond. Patrick Mohr a su rendre avec justesse cette descente aux enfers que Caya Makhélé, dans le texte, ne veut jamais solennelle et à laquelle il donne au contraire la légèreté d'une pirouette et les inconséquences du mensonge.

D'abord plantés sur les côtés, les armatures encadrent les acteurs comme des sarcophages, puis couchées, dressées, empilés sur le plateau, elles suggèrent tour à tour toute une topographie sociale hantée par la pluralité humaine : cimetière, morgue, marché, église, guichets... Ces malles mystérieuses et sans fond dans lesquelles entrent et

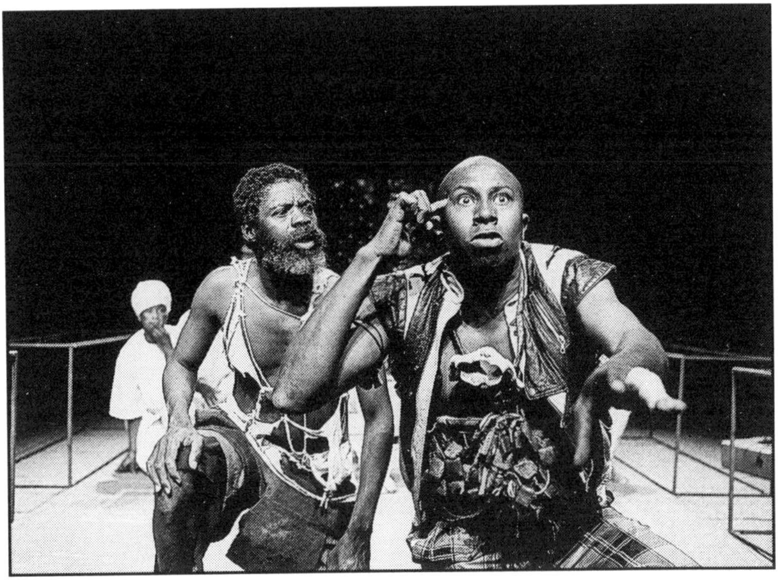

La Fable du Cloître, de Caya Makhélé (Congo)
Mise en scène Patrick Mohr
par le Théâtre Spirale (Suisse)
© Alain Chambaretaud

et sortent les acteurs envahissent le plateau en construisant le dédale de l'initiation de Makiadi.

Cependant, cet univers alvéolaire et quasi clinique souligné par les salopettes blanches que portent les acteurs contraste avec la musicalité ancestrale des chants lointains et des instruments traditionnels qui retentissent et emplissent le théâtre. C'est la voix obsédante d'une griotte (Oumy Samb), les accords lancinants d'une kora (Vieu Cissoko), les accents plaintifs d'une flûte (Nicola Orioli), les rythmes inquiétants des percussions (Baba Kouyaté, Hassane Kouyaté, Ibrahima Traoré) qui viennent remplir les vides de ce monde poreux où dégringole Makiadi. L'inconséquence de l'espace se retrouve chargée par la musique.

L'esthétique de Patrick Mohr nous renvoie à une esthétique de théâtre-boîte-à-musique qui s'anime le temps d'une représentation, et devient l'espace magique du passage. Mais la boîte à musique ici est pour le moins secouée et vibre de tous ses pans pour donner naissance à un spectacle dont l'évidence ne trahit jamais le mystère.

Sylvie Chalaye

Une fable, une voix, une kora...

A vous la nuit / Habib Dembelé

L'acoustique dépouillée d'une kora, la voix d'une chanteuse et l'art traditionnel d'un comédien-conteur, trois ingrédients qui suffisent à donner un spectacle de qualité quand le conte est dérangeant et fort, la voix envoûtante comme celle de Fatoumata Touré et la narration vive et efficace grâce au savoir-faire de Habib Dembélé.

La dramaturgie s'appuie ici exclusivement sur une dramatisation du conte de veillée africaine. Elle est portée par la musique et tout un travail vocal qui participe de la théâtralité et donne une consistance dramatique, et parfois incantatoire, à ce qui se veut une fable poétique.

Un sentiment profond unit deux amis : N'Golo et Zan. Un jour N'Golo tombe éperdument amoureux de Saran, une jeune femme qui les ignore lui et son ami : « Le coeur de Saran demeura aussi dur que le fer » (p.17).[2] La souffrance est si grande qu'ils en viennent à tuer la jeune femme et à cacher son cadavre sous leur couche. Leur vie durant, ils garderont le secret. Le temps passe, ils vieillissent et bientôt, sur son lit de mort, N'Golo appelle son ami à son chevet et lui demande de ne pas oublier ce qu'il y a entre eux. Cependant la famine sévit dans la région et les enfants de N'Golo qui ont entendu les paroles de leur père sont convaincus que les deux amis ont ensemble caché un trésor et qu'ils doivent récupérer cet héritage. Zan a beau tenter de les dissuader, les fils de N'Golo demandent justice au roi et un procès s'ouvre contre lui. Après avoir été cravaché jusqu'au sang, comme il se sent mourir, il avoue finalement le meurtre et meurt à son tour. Enfin, tandis qu'on exhume le squelette de Saran, les fils et le roi deviennent fous.

Une narration initiatique

Habib Dembélé ne dévide pas le fil diégétique du récit de manière linéaire. Non seulement il ménage des digressions qui font sortir les auditeurs de l'espace de la fiction pour les propulser dans la réalité quotidienne, non seulement il dramatise le récit en reconstituant les scènes essentielles de l'histoire par du dialogue, mais surtout il distille tout au long du conte la sagesse de l'ethnie des Dafins[2] en rapportant des paroles qui ont une valeur de parabole et dont le sens énigmatique s'éclaire avec le récit. Ces paroles rapportées donnent une densité culturelle au conte et contribuent à sa portée symbolique. Mais elles insufflent aussi une tension dramatique qui dynamise le récit en créant une attente. Ces paroles énigmatiques trouvent systématiquement leur illustration dans la suite de l'histoire. Enfin, elles convoquent sur scène la théâtralité même de la profération : « Les Dafins disent... ».Tout se passe comme si à chaque parole des Dafins que rapporte le conteur, il traçait à nouveau le cercle sacré de l'espace fictionnel et symbolique du conte.

Une tragédie de l'amitié

Le sentiment qui unit N'Golo et Zan est un amour gémellaire. Ils aiment se voir l'un dans l'autre sans avoir pourtant « aucune ressemblance physique » (p.30), comme dit le conte. Mais l'amour qui les unit passe par le partage, la réciprocité, la connaissance mutuelle, et finalement la fusion. Or, pour être scellée, cette union fusionnelle a besoin d'un sacrifice de sang. Il n'y a pas d'amour gémellaire, d'union avec le même sans meurtre de l'autre.

Loin d'être une simple apologie de l'amitié, le conte d'Habib Dembélé montre les extrêmes tragiques auxquels peuvent conduire les sentiments passionnés et exclusifs qui unissent deux êtres.

La tombe des désirs enfouis

Ce cadavre de femme que N'Golo et Zan ont enterré sous leur couche symbolise les senti-

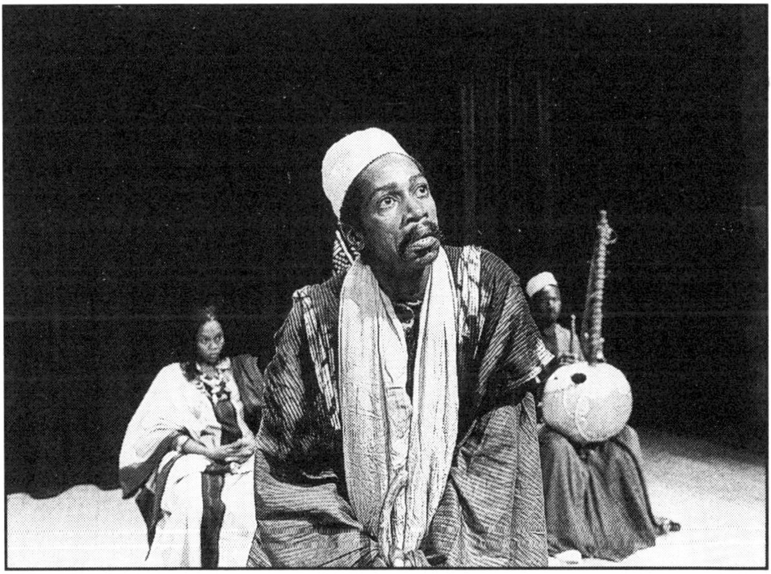

A vous la nuit, texte et mise en scène de Habib Dembélé (Mali)
© Alain Chambaretaud

ments qui n'ont pas de nom dans une société traditionnelle où on ne les envisage même pas. Ces désirs innommables sont condamnés à être enfouis au plus profond du secret. Le meurtre qui scelle l'amitié de Zan et N'Golo représente l'enfouissement auquel les contraint la société. C'est le meurtre de leur féminité, le meurtre de l'ambivalence qui a garanti la viabilité de leur amitié aux yeux du village et de leur famille.

Mais déterrer le secret, dévoiler ce qui unissait ces deux hommes, ce qu'il y avait entre eux bien au-delà d'une amitié ordinaire, conduit à la folie. Ceux que la cupidité (les fils) ou l'orgueil (le roi) a poussé à la profanation se voient condamnés à la démence.

Un amour qui sort des normes établies par la société et la tradition ne peut que reposer sur l'enfouissement des pulsions jugées hérétiques. Saran est la représentation même du désir, la représentation de l'*anima* au sens où l'entend Jung. Elle symbolise cette part de féminité qu'il faut condamner, museler en celui qui doit affirmer sa virilité pour conquérir sa place sociale. C'est pourquoi, après l'exhumation, les enfants et le roi ne pouvaient que devenir fous. Ils n'étaient pas prêts à supporter le secret et à admettre la différence, autrement dit à envisager l'innommable.

Ah ! Les femmes !

Les femmes, ou plutôt la femme, l'éternel féminin est au coeur de l'histoire, c'est l'artisan même du drame :

« *La femme !*
La tranquillité qui trouble.
Un bien qui se met
Entre ton bien et toi. » (p.21)

La misogynie qui baigne le récit n'est pas sans faire penser à celle des fabliaux et de la littérature populaire (fables, farces, etc.) nourrie aux sources des mythes grecs et des récits judéo-chrétiens qui font de la femme une dangereuse descendante de Lilith, d'Eve ou de Pandore.

Voilà donc qu'encore une fois la femme est cause de la chute de l'homme :

« *Celui qui tombe de cheval*
Peut se relever.
Celui qui tombe du dos de l'âne
Peut se relever.
Celui qui tombe du haut d'un arbre
Peut aussi se relever...
Mais celui, que le pagne de la femme terrasse,
Ne se relèvera plus jamais
Ah ! La femme. »

Certes l'ironie et les sarcasmes auxquels se livre le conteur sur le dos de la gent féminine participent aussi d'une complicité masculine nécessaire à un certain humour. Mais Habib Dembélé, célèbre au Mali pour son engagement féministe contre l'excision et la polygagamie, et qui chaque année s'investit dans une centaine de spectacles de sensibilisation, affirme avoir voulu provoquer une prise de conscience en racontant cette histoire, afin que l'existence des femmes ne soit plus bafouée et sacrifiée au bon vouloir des hommes.

Un chamallow bleu tendre fourré à l'hémoglobine

***De la chaire au trône* / Amadou Koné / Alexandre Dabija**

Des samouraïs de carton pâte qui n'en finissent pas de lécher leur gamelle dans un décor de Mongolie digne d'une vignette de bande dessinée, telle est l'image sur laquelle s'ouvre le spectacle d'Alexandre Dabija. L'oeuvre dramatique de l'Ivoirien Amadou Koné se retrouve transplanté dans un univers plus loufoque que féérique.

Ce conte austère, qui évoque la mort annoncée d'un roi qui doit mourir après avoir joui pendant douze ans, cette tragédie quasi « ascétique », aussi affûtée que l'aiguille qui tuera le Prince, se métamorphose en une pâte de guimauve bleue tendre dont s'épanche brutalement du sang, quand les gardes, à la fin, dans une scène de cannibalisme ajoutée par Alexandre Dabija, plongent avec avidité leurs mains dans le thorax ouvert des deux victimes de la coutume.

Trois sapins polaires en fourrure bleue, des samouraïs qui gardent un tipi tendu de peaux de bêtes et de fourrure toujours aussi bleue, un voyageur tout de rouge vêtu et ressemblant curieusement à Lénine, un palais mi-cage aux fauves mi-lupanar, un Prince en Louis XIV, une compagne en Mata Hari, les patriarches détenteurs de la coutume en uniforme de fonctionnaire... La mise en scène d'Alexandre Dabija brasse des clichés sans parvenir à une cohérence.

La pièce de Koné met en scène un roi qui a accepté les plaisirs que lui offrait le trône pendant douze ans, mais refuse à présent de mourir comme le veut pourtant la coutume. Elle traite de l'impuissance du pouvoir à faire changer les choses, tant qu'il s'attaque aux lois alors qu'il faudrait s'attaquer aux hommes. On ne fait pas changer les lois, sans faire d'abord changer les hommes. Mais le metteur en scène roumain semble avoir écarté toute la dimension philosophique de la pièce pour ne garder que les garder que les Icônes, ces icônes qui se valent toutes et qui toutes peut-être méritent d'être abattues : le communisme qui ne fait que passer et laisser des traces comme dit le voyageur, ce couple vautré dans le plaisir et qui rappelle Ceaucescu et sa femme, les fonctionnaires bornés et tapis dans l'ombre, le capitalisme cannibale, stigmatisé par ces sacs en plastique à l'effigie Marlboro dans lesquels les gardes emportent quelques organes à la maison, sans doute pour partager en famille... Et le spectacle se ferme sur les icônes de ces deux gardes, images d'une société consumériste, qui consomme tout, le politique comme le reste.

On doit cependant reconnaître à Alexandre Dabija, le mérite d'être parvenu par certains artifices de mise en scène astucieux à dramatiser l'inertie dramaturgique d'un texte peut être par trop radiophonique. Et cette efficacité s'appuie également sur une dynamique de jeu assez remarquable. Malheureusement, si le spectacle parvient à insuffler une certaine théâtralité qui fait défaut à l'écriture « racinienne » de Koné, elle tourne à la parodie de mauvais goût. Il manque au spectacle de Dabija une dimension esthétique à la hauteur de la tragédie et qui dépasse l'abstraction de son discours vers le mythe. Des samouraïs affamés et la froideur d'une moquette à long poils bleus ne suffisent pas à créer une unité onirique signifiante.

Sylvie Chalaye

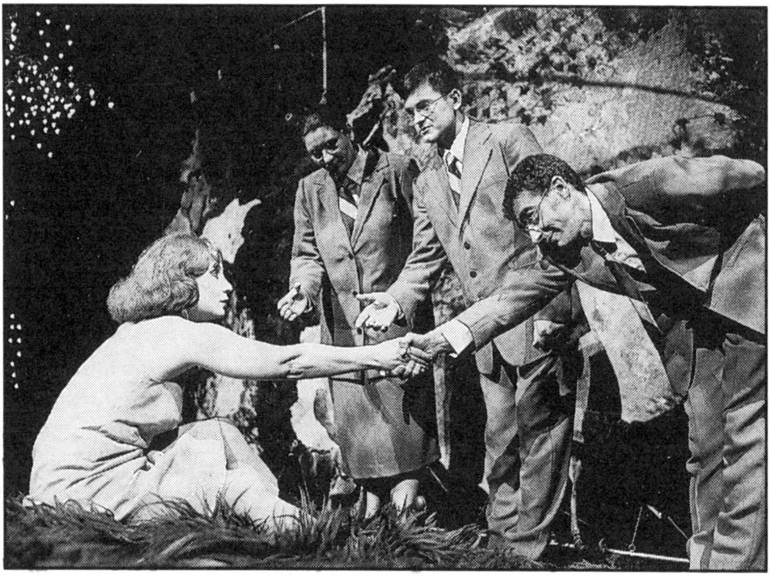

De la Chaire au trone, d'Amadou Koné (Côte d'Ivoire), mise en scène Alexandre Dabija (Roumanie) avec le Théâtre de Pietra-Neamt - © A. Chambaretaud

Quand les marionnettes perdent le fil...

L'Enfant Mbénè / Les Articuleurs / Werewere Liking

Après *Singué Mura* et *Un Touareg s'est marié à une pygmée*, c'est encore une fois un conte d'une grande force que nous propose Werewere Liking avec *L'Enfant Mbénè*. Mais, conçu pourtant pour l'art des Articuleurs du Ki-Yi ; le spectacle est victime de l'inflation verbale des conteurs qui s'emparent de la scène, bâillonne la portée du conte et ficelle la présence plastique des marionnettes en embrouillant les fils de l'action au lieu de s'effacer derrière la trame qu'ils déroulent.

Les trois conteurs des contes oubliés entreprennent de raconter une histoire. Elle commence par le désespoir d'un homme qui a perdu sa femme et se retrouve avec un fils unique que tout le village protège exagérément et dont il craint qu'il ne devienne un enfant gâté.

Il décide alors de soumettre le jeune Mbénè à une première épreuve qui lui apprendra à vaincre sa peur et l'envoie seul dans un champ éloigné pour ravir un lionceau à une lionne qui vient de mettre bas et rapporter un régime de bananes plantain à sa grand-mère. Mbénè s'acquitte brillamment de sa mission ; pourtant, le père ne montre pas sa joie et l'enfant se croit mal aimé.

Les années passent et le père exige alors de son fils une nouvelle épreuve. Il lui demande d'aller s'emparer des oeufs du Crocodile sacré qui apportent puissance et richesse à celui qui les a en sa possession. Cependant, avant de partir, Mbénè a la sagesse d'interroger les conteurs et d'écouter sa grand-mère. L'entreprise est périlleuse, mais grâce à son humilité et à son sens du devoir et de la justice, Mbénè sait plaire au crocodile qui l'épargne et lui confie les oeufs destinés à son père. Celui-ci, encore une fois, ne paraît pas se réjouir de la réussite de son fils.

Voilà Mbénè adolescent ; son père lui réserve une dernière épreuve : rapporter le Tambour de l'Union. Après avoir pris conseil auprès des conteurs, Mbénè s'enfonce dans la forêt, quand un brasier se dresse devant lui. Mais il ne peut non plus faire demi-tour : un énorme serpent lui barre la route. Bien qu'il soit plus naturel de tenter de tuer le serpent pour échapper aux flammes, Mbénè choisit le feu et épargne le serpen ; finalement, un oiseau le sauve et les animaux de la forêt, qui ont reconnu en lui un humain peu ordinaire, le protègent et l'aident à retrouver le Tambour de l'Union. A son retour, enfin, « son père l'accueillit avec faste ».

Cependant, si l'esthétique plastique du Ki-Yi M'Bock entraîne le spectateur dans des images d'une grande beauté, le spectacle ne repose sur aucune dynamique dramaturgique, alors même que les partis pris structurels de l'adaptation dramatique mettent en jeu plusieurs niveaux de fiction théâtrale : le premier est celui du récit, le deuxième est celui de la représentation, de la mise en vie des images narratives. On passe ainsi alternativement, au fil des aventures de Mbénè et de l'enchaînement des scènes, de l'espace de narration à l'espace de représentation.

Si l'espace de narration implique l'ici et maintenant du spectateur au point d'occulter la dimension également fictionnelle des conteurs, l'espace de la représentation se présente comme celui de l'ailleurs et de l'intemporalité onirique.

Or, l'adaptation de Werewere Liking choisit de faire avancer l'histoire autant par la narration que par la représentation prise en charge scéniquement par les marionnettes. De plus, la frontière entre ces espaces théâtraux reste perméable : les conteurs entrent en effet dans le cercle de la représentation en jouant eux-mêmes des personnages. Et l'enfant Mbénè à son tour sort en somme de la simple représentation en venant, par exemple, à la scène 7, interroger directement les conteurs.

Mais l'articulation entre les deux niveaux théâtraux, entre l'espace de la narration et l'espace de représentation ne fonctionne pas. Il manque au spectacle une composition dramaturgique rigoureuse qui structure et dynamise l'intervention des marionnettes. Les conteurs dont les costumes sont pourtant peu spectaculaires prennent le pas sur l'espace démurgique de la représentation. Très vite les marionnettes ne suffisent plus à circonscrire l'espace de représentation et semblent finalement anecdotisées. En dépit de leur envergure monumentale, elles perdent leur ampleur épique. On ne voit plus que des effigies humaines qui illustrent et ne représentent pas.

La présence envahissante des conteurs qui dansent, chantent, jouent chacun d'un instrument, finit par désarticuler le récit. Et une fois l'armature narrative perdue, les marionnettes se désarticulent à leur tour dans le regard du spectateur. Seul un engagement fort dans le représentationnel fait exister l'artifice plastique et permet toutes les conventions. Mais au théâtre, l'artifice ne peut jamais être allusif, au risque de s'autodétruire et de n'être plus qu'un objet vide. Or, le théâtre de marionnettes est avant tout un théâtre de mystification qui a besoin d'installer son univers.

Le déséquilibre est ici d'autant

plus dangereux que le conte engendre un récit gigogne qui autorise les conteurs à entrer dans l'espace de la représentation. La complexité structurelle qui n'est donc pas portée par la dramaturgie se double d'un jeu de conte à tiroirs qui finit d'égarer le spectateur dans les méandres de l'histoire.

La première épreuve à laquelle le père soumet son fils semble en prise directe avec le quotidien de l'enfant, les deux autres, en revanche, supposent la connaissance de légendes qui leur donnent sens. Ce qui permet alors aux conteurs d'imbriquer dans le conte d'autres contes et notamment l'histoire des oeufs du Crocodile sacré et celle du Tambour de l'Union. Cependant au-delà de l'effet gigogne du récit dans le récit, le procédé donne surtout aux conteurs le loisir de s'introduire en somme dans l'aventure de l'enfant et d'assurer un rôle dans l'histoire qu'ils racontent :

« *Il devait en savoir plus sur cette histoire du crocodile sacré.*

Ah la belle époque où les jeunes consultaient encore nos traditions

On se faisait une telle joie de raconter

Et les contes ne sombraient pas dans l'oubli

Alors nous lui avons déroulé l'histoire du crocodile sacré »

La présence intradiégétique des conteurs est intéressante, car elle met en abîme la source même du conte. Malheureusement, les marionnettes perdent le fil et leur présence scénique s'étiole, dès qu'on en conçoit plus le sens.

La faiblesse dramaturgique du spectacle paraît d'autant plus dommage que l'enjeu du conte que raconte Werewere Liking n'est autre finalement que la mission même qu'elle souhaiterait assigner au Ki-Yi.

L'aventure de Mbénè est l'aventure d'un orphelin de mère que l'initiation va amener à retrouver sa mère culturelle. C'est pourquoi, en dépit de l'absence primordiale et fondatrice ici de la mère, le cheminement de l'orphelin est pourtant jalonné d'instances maternelles adjuvantes ou protectrices : la grand-mère, la lionne, le spectre de la mère, le crocodile femelle (puisqu'il pond des oeufs). Le mur de flammes et le serpent qui viennent en revanche barrer le chemin de l'enfant sont une expression de la destruction et de la violence, mais comme l'enfant ne cède pas à la violence (le serpent) et dépasse l'angoisse de l'anéantissement matériel (le feu), il accède au spirituel (l'oiseau) et reconquiert la Mère éternelle : l'identité culturelle d'un peuple, cette parole recueillie dans le creuset de la tradition et que transporte symboliquement le Tambour de l'Union, ce Verbe fondateur plus puissant que la force armée, que les moyens technologiques, économiques ou politiques.

On s'aperçoit alors que l'enjeu du conte dépasse largement le destin individuel de Mbénè. La grand-mère le laissait d'ailleurs entendre dès le début en s'adressant au père de l'enfant « étrange » :

« *Alors que son destin s'accomplisse ! Mais n'oublie pas que le tien et le mien s'accompliront par la même occasion. Moi je suis prête. L'es-tu toi ? Je crains que l'impatience et la peur te rendent imprudent et te conduisent justement à ce que tu crains et redoute tant : l'échec encore une fois à élever l'homme à l'étoile au front ! Ce que tu subis depuis plusieurs vies déjà, ne l'oublie pas...* »

L'enjeu du conte c'est en fait l'avenir même de la tradition des contes et de leur mission éducatrice, c'est la pérennité des conteurs et la transmission de leur parole. L'enfant Mbénè a donc la fonction messianique d'un sauveur pour ceux-là mêmes qui déroulent le conte : « *Tapis d'honneur devant l'enfant béni qui vient recueillir l'oeuf de l'esprit en son sein. En vérité, c'est par lui que la renaissance deviendra possible.* »

En définitive cet enfant « étrange » n'est-il pas l'enfant de Werewere Liking, n'est-il pas simplement le Ki-Yi M'Bock ? C'est précisément en acceptant d'être lui-même, en assumant son étrangeté, sa différence et ses faiblesse que Mbénè a pu mener à bien son entreprise et devenir le héros de tout un peuple.

- *La fable du cloître*, texte de Caya Makhélé ; Théâtre Spirale ; mise en scène : Patrick Mohr ; scénographie, lumières, costumes : Michel Faure ; musique : Vieu Cissoko, Baba Kouyaté, Nicola Orioli, Ibrahima Traoré ; avec Aminata Diakhaté, Maïmouna Doumbia, Hamadoun Kassogue, Hassane Kouyaté, Martine Maximin, Oumy Samb, Cathy Sarr, Fatoumata Shérif Traoré.
- *A vous la nuit*, texte et mise en scène : Habib Dembélé, Compagnie Guimba national, avec Hamidou Ba, Habib Dembélé, Fatoumata Touré.
A vous la nuit est le titre du spectacle. Le texte de la pièce est publié sous le titre *Fidélité cravachée*.
- L'éthnie Dafin est une éthnie qui se trouve au sud du Mali et à laquelle appartient Habib Dembélé. Aussi pour écrire ce texte pétri de culture traditionnelle Dafin, a-t-il dû entreprendre un véritable travail de transcription, voir de traduction de la pensée et de la langue Dafin vers le français.
- *De la Chaire au trône*, texte d'Amadou Koné, Théâtre de Piatra-Neamt ; mise en scène : Alexandre Dabija ; scénographie : Dragos Buhagiar ; costumes : Irina Solomon ; lumières : Vasile Popovici ; son : Emil Grosu ; avec Daniel Besleaga, Ana Ciontea, Ovidiu Crisan, Mihai Danu, Radu Duda, Roxana Frunza, Irina Solomon, Tudor Tabacaru, Liviu Timus.
- *L'Enfant Mbénè*, par les Articuleurs du Ki-Yi M'Bock, texte et mise en scène : Werewere Liking ; assistant à la mise en scène : Gohouro Gnepo ; décor : King Art Product ; costumes : Ki-Yi Lines, Lumières : Sam Bapes, assisté de Sari Bulonda, musiques : Ba Banga Nyeck, avec Ba Banga Nyeck, Djedje Dejdje, Eyock Epock, Gohourou Gnepo, Lem Liking, Naï Zou, Zadi

Actualité du livre

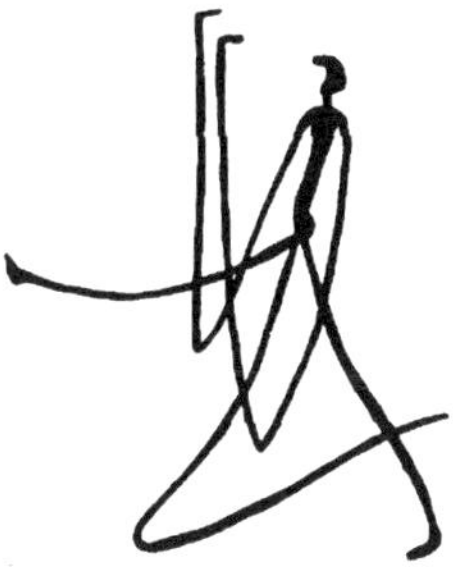

peinture rupestre Buchiman, Afrique du Sud-Ouest

entretien : Henri Lopès

Né en 1937, Henri Lopès est un écrivain congolais (Brazzaville). Il a assumé de hautes fonctions politiques et administratives dans son pays (Premier ministre de 1973 à 1975) avant de devenir (depuis 1982) fonctionnaire international de l'Unesco à Paris. La récente parution de **Le Lys et le flamboyant** *aux Editions du Seuil complète une oeuvre jusque-là composée d'un recueil de nouvelles,* **Les Tribaliques** *(Clé 1971), et de cinq romans :* **La Nouvelle Romance** *(Clé 1976), Sans Tama-tam (1977), Le Pleurer-rire (1982), Le Chercheur dAfrique (Seuil 1989) et Sur l'autre rive (Seuil 1992). Ses écrits réalisés au Congo décrivent les contradictions de l'Afrique indépendante ; elle évoque surtout le combat que l'individu mène contre les entités collectives en s'appuyant sur la lecture et le savoir. son oeuvre parisienn très intimiste est une quête identitaire de ses principaux personnages à travers le Temps.*

Ce qui est frappant lorsqu'on lit **Le Lys et le flamboyant,** *c'est sa parenté avec votre avant-dernier roman :* **Sur l'autre rive.** *Dans ces deux livres, les personnages principaux sont des femmes artistes. Toutes les deux sont en conflit avec leur familles respectives ; elles ne s'épanouissent qu'à la suite d'une fuite du foyer conjugal. Mais , il y a aussi une différence entre les deux romans au niveau de la narration. Dans* **Sur l'autre rive,** *la narratrice est l'héroïne elle-même. Dans* **Le lys et le flamboyant,** *le narrateur est un métis sino-congolais qui, tout en évoquant la vie de son héroïne Kolélé, nous raconte sa propre histoire. Partagez-vous cette lecture de votre roman ?*

Totalement. Je n'ai plus rien à ajouter, sinon que je ne m'étais pas rendu compte qu'il y avait une similitude entre l'héroïne de mon précédent roman et celle du *Lys et le* Flamboyant. Effectivement, toutes deux sont des artistes, toutes deux font une rupture pour un plus grand épanouissement personnel. Mais ce qui m'a bien sûr le plus intéressé, c'étaient les différences. C'est-à-dire raconter une autre histoire. Cela dit, on peut effectivement noter que toutes mes histoires sont des variantes de la même histoire. Tout récemment, Sembène Ousmane aurait dit : « *Chaque film d'un cinéaste est le brouillon du suivant.* » Je crois que tout romancier peut souscrire à cette formule heureuse.

Justement dans votre oeuvre prédomine le thème de la femme. Qu'est-ce qui justifie cette obsession **?**
Il y a plusieurs explications. D'abord des raisons littéraires. J'ai longtemps été envoûté par Aragon. Et vous savez le rôle que joue la femme dans son oeuvre. Il y a ensuite des explications dans ma vie. Je suis un fils unique, et j'ai été pendant longtemps élevé par ma mère. Cela m'a sans doute amené à vouer un respect particulier à la femme. Par ailleurs, quand je vois une belle femme, je ne peux m'empêcher de me retourner et de la regarder de manière inconvenante. Et plus riche que toutes les explications que je viens de donner, il doit y avoir des raisons que je ne peux expliquer et que je laisse aux psychanalystes.

« Quand je vois une belle femme, je ne peux m'empêcher de me retourner ».

Après avoir lu* Le Lys et le flamboyant, *j'ai pensé qu'on pouvait l'intituler :* Le livre de sable. *C'est-à-dire un livre dans lequel on peut imaginer à l'infini un scénario d'écriture et de contre-écriture. Est-ce dans cet esprit que vous l'avez conçu ?
Absolument ! C'est une espèce de système comme jadis la publicité de Dubonnet présentait l'image d'un chat enroulant une bouteille de Dubonnet sur laquelle il y avait une autre image d'un chat enroulant une bouteille et ainsi de suite à l'infini ; où bien comme ces poupées russes, les *matriochkas.* Bien que ce ne soit pas le ton général du livre, celui-ci adopte quelquefois le ton du canular. C'est de la supercherie : on ne sait pas à quel moment le narrateur est le véritable narrateur, à quel moment, c'est son double. Et ce système de doublure des personnages qui se ressemblent, qui se reconnaissent comme étant une part de l'autre va même plus loin. Il y a dans le roman un autre personnage : Léon, le fils de Kolélé. Eh bien ! Lorsque Houang le narrateur du roman lui reproche de

jouer son ange gardien, Léon lui répond à peu près ceci : « *N'oublie pas tu es né le jour de Noël. Donc tu te prénommes aussi Noël. Moi, je m'appelle Léon : l'anagramme de ton prénom. Par conséquent, nous sommes des frères.* » De ce point de vue, je ne dirais pas que ce roman est une farce, parce que ce n'est pas une fois encore son ton général, mais il y a tout une série de clins d'oeil qui se font au cours du récit.

En tous cas, ces clins d'oeil sont troublants. On ne sait plus où se situe la ligne de démarcation entre l'imaginaire et la réalité, puisqu'à la fin du prologue, le narrateur écrit :* « Lopès a transformé en roman des souvenirs dérobés à Simone Fragonard. Moi, c'est la vie réelle de cette femme que je vais vous raconter. » *En lisant ce passage, j'ai pensé immédiatement à Borgès, notamment à son livre* L'auteur et autres textes. *Il n'est pas, me semble t-il, innocent que vous ayez mis en exergue de votre livre un texte de Pessoa, l'auteur du masque par excellence. Ce livre constitue peut-être ainsi une rupture par rapport à vos romans précédents ?

Là encore, je dirais que chaque œuvre, tout en étant l'amélioration de la précédente, est à chaque fois une rupture ou un nouveau tournant. En ce qui concerne la parenté avec Borgès, je me le suis fait dire, quand je racontais ce qu'allait être mon livre à quelqu'un : « *Borgès fait ça* ». Et, je dois avouer à ma grosse honte ne pas avoir encore lu Borgès. J'ai acheté un certain nombre de ses ouvrages depuis. Ils sont dans ma bibliothèque ; je vais m'empresser de les lire maintenant. Je n'ai pas voulu le faire auparavant pour ne pas être influencé par sa manière. Quant à Pessoa, c'est quelqu'un qui effectivement me hante beaucoup. Je ne l'ai d'ailleurs pas mis en exergue par hasard, étant donné la manière dont le récit est construit. Mais je devrais ajouter, qu'il y a aussi un autre jeu : le désir de troubler, de perdre le lecteur avec deux autres réalités, celle de la fiction et celle de l'histoire. A quel moment est-on dans la chronique historique ? A quel moment est-on dans l'imaginaire ? Il est évident que Kolélé est un personnage virtuel. Et, comme toute virtualité, elle est faite d'images de synthèse - la synthèse de plusieurs vies de personnages que j'ai connus, ou dont j'ai entendu parler. Ce personnage virtuel entre par moments dans des points précis de l'histoire. Que ce soit en Chine, que ce soit en France ou en Algérie. Elle rencontre même quelquefois des personnages qui ont existé. C'est par exemple le cas au festival d'Alger au cours de cette

« Je ne dirais pas que ce roman est une farce, mais il y a une série de clins d'oeil. »

soirée où l'on voit Archie Shepp, Nina Simone, Myriam Makéba en train de jouer. Cette soirée a véritablement existé. J'y ai assisté. Je l'ai reconstruite en y ajoutant le personnage de Kolélé. Ceux qui ont assisté au festival d'Alger, et plus particulièrement à cette soirée, seront troublés. Je voudrais ajouter que ce jeu (soulignons-le : on n'écrit sérieusement qu'en jouant), je l'ai déjà utilisé dans *Le Pleurer-Rire*. C'est pourquoi j'y avais mis en exergue cette belle phrase de Boris Vian, qui aurait pu aussi bien accompagner *Le Lys et le flamboyant* : « *Cette histoire est vraie, puisque je l'ai inventée d'un bout à l'autre.* »

Votre écriture est très limpide, mais elle est en même temps complexe, parce que les personnages qu'elle met en scène sont baroques. On le voit dans* Le chercheur d'Afriques ; *on le voit aussi dans* Le Lys et le flamboyant. *Dans ces deux romans, les personnages sont en quête de leur identité. Mais cette quête débouche souvent sur des déconvenues. C'est le cas du narrateur du* Chercheur d'Afriques *qui va à la recherche de son père et tombe amoureux de sa soeur Fleur. Dans* Le Lys et le flamboyant, *Houang devient l'amant de la tante de Kolélé.

Ce n'est pas sa tante. Elle est une de ces métisses qu'il appelle Tantine. Et il dit au début d'un des chapitres du roman : « *En ces temps-là, toutes les métisses des deux rives du fleuve Congo étaient mes tantes.* » Ce n'est donc pas sa véritable tante. Disons quand même, qu'il nourrit un certain respect pour elle. Mais que ce soit dans *Le chercheur d'Afriques* ou dans *Le Lys et le flamboyant,* cet "inceste" se fait par méprise et non par désir. Il se trouve paraît-il des lecteurs qui m'accusent d'écrire des livres immoraux, à cause de ces soit-disant incestes. Mieux vaut en sourire.

Alors, vous avez parlé de recherche d'Identité, d'Identité variable. Je crois que c'est le thème principal de toute mon oeuvre. Et peut être encore beaucoup plus dans *Le Lys et le flamboyant* qu'ailleurs. D'abord, parce que cette femme a plusieurs noms, et j'ai eu peur à un certain moment que le lecteur ne se perde. Je me suis demandé s'il ne valait pas mieux choisir un seul nom. Et puis, je les ai maintenu en veillant effectivement à prendre le lecteur par la main à chaque fois, pour qu'il reconnaisse que c'est le même personnage. Mais ces changements de noms montrent effectivement que c'est un personnage... je ne dirais pas en quête d'identité mais qui est constamment prêt à évoluer, qui ne veut pas s'enfermer dans une seule identité. Et elle dit, au moment où elle se trouve dans un village en France sur l'île de Noirmoutier, qu'elle a naturalisé son âme. Là, on est dans l'image non pas seulement de la femme de demain, mais aussi de l'homme de demain. Par ailleurs, vous avez dit que mon écriture est classique. Je le pense aussi. Vous ajoutez qu'il y a du baroque là-dedans. Soit ! Mais je serais très heureux alors que vous écriviez un article sur le baroque de mes personnages, parce que vous m'apprendrez beaucoup sur moi même !

Je n'y manquerai pas ! Ceci dit, au début de votre carrière d'écrivain, vous vous êtes proposé de d'écrire "l'Afrique indépendante". Maintenant, vous mettez en scène l'Afrique qui précède les Indépendances. J'irais même plus loin, en disant qu'il y a chez vous un retour vers l'enfance. S'agit-il là d'une démarche volontaire ou d'un simple hasard de l'écriture ?

Là, vous touchez quelque chose de capital en moi. C'est sans doute le fait que je vieillis. Plus on vieillit, plus on regarde vers son enfance, et plus on est étonné de constater qu'elle nous soit si présente. Il y a certainement dans cette attitude la manifestation d'un mouvement naturel chez tous les hommes, mais qui a été renforcé chez moi par deux écrivains. L'un est l'Autrichien Rainer Maria Rilke qui conseille toujours de revenir à l'enfance ; l'autre mon compatriote Tchicaya U Tam'si. Un jour où je l'invitais à rentrer au Congo, Tchicaya m'a répondu : « *Toi, tu habites au Congo ; moi, le Congo m'habite.* » Aujourd'hui, souvent Tchicaya m'habite, moins par ses écrits que par ce qu'il me disait dans les dialogues que nous avions. Je suis

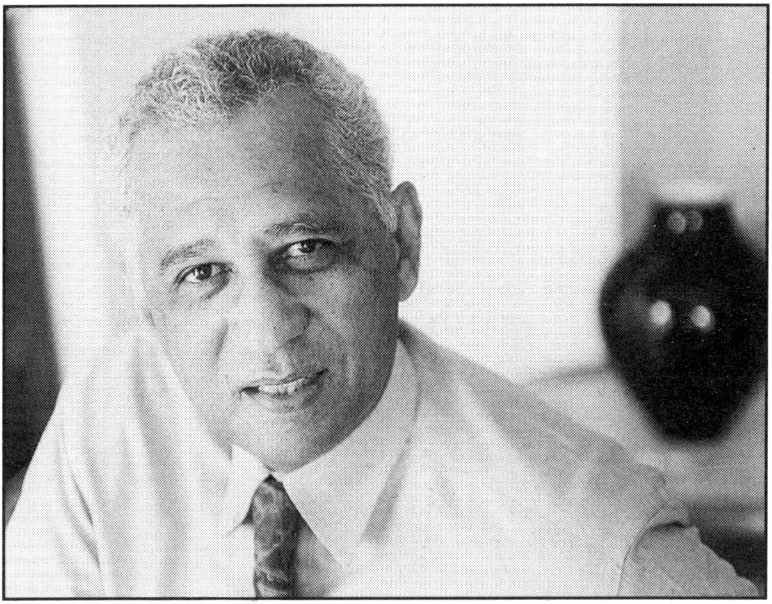

Henri Lopès. © John Foley

d'ailleurs en train d'écrire un article là-dessus. Je lui reprochais souvent de décrire l'Afrique qui précède les Indépendances dans ses romans. J'étais sévère à son égard à ce propos. Quant à moi, j'écrivais l'après des Indépendances pour me séparer d'un certain nombre d'écrivains qui m'avaient précédé. Aujourd'hui, je m'aperçois qu'avec ce raisonnement, je faisais preuve d'une étroitesse d'esprit. En fait, je ne comprenais pas ce que recherchait Tchicaya. Je crois que l'écrivain doit chercher partout dans sa mémoire, mêlant celle-ci à son imagination. Il doit même chercher dans les temps antérieurs, qu'il n'a pas vécu.

« Souvent Tchicaya m'habite, moins par ses écrits que par ce qu'il me disait ».

Ma question va sans doute vous paraître simpliste... Pourquoi avoir choisi comme narrateur de votre dernier roman un métis sino-congolais. ? Est-ce un clin d'oeil à l'Histoire ? Là, je fais allusion à la construction du Chemin de fer Congo-Océan qui a drainé plusieurs nationalités au Congo. Ou s'agit-il d'une simple fantaisie littéraire ?

L'un et l'autre. Mais c'est d'abord un clin d'oeil à l'Histoire, parce que ça existe. Je peux vous en citer quelques exemples. Pour vous qui êtes Congolais, je peux vous dire que Georges Lao est un métis sino-congolais dont le père justement est venu pour la construction du Congo-Océan. Si vous prenez l'Afrique dans son ensemble, on relève plusieurs autres cas. Il y a un ministre gabonais fort connu qui possède d'ailleurs un nom chinois. Par ailleurs, j'ai voulu clouer le bec de ceux de mes lecteurs qui oublient que je suis un romancier, et non un individu qui raconte platement sa propre histoire : ils ne voient qu'autobiographie dans chacun de mes livres. J'essaye donc de les dribbler. Dans *Le Chercheur d'Afriques*, mon narrateur, qui me ressemble par certains côtés, a les yeux verts. Dans *Sur l'Autre Rive*, j'ai écrit à la première personne en me mettant dans la chair d'une femme. Là, puisque c'est un métis sino-congolais, il n'y aurait théoriquement pas de confusion. Mais plusieurs personnes m'ont dit : « *Tiens ! Je ne savais pas que tu avais des origines chinoises* ». Alors, je souris en leur faisant remarquer que « *bien sûr Lopès est un nom d'origine chinoise* ». Je pourrais aller plus loin en vous disant que je me suis amusé dans ce livre. Car à un moment du récit, le narrateur rencontre à Bruxelles une personne qui ressemble à Lopès à s'y méprendre. La seule différence, c'est qu'il a des yeux verts. Quand Houang (narrateur) lui demande, si c'est bien lui Lopès. L'autre lui répond que ce serait possible mais qu'il s'appelle plutôt André Leclerc.

qu'il s'appelle plutôt André Leclerc. Or, André Leclerc, c'est le narrateur et personnage du *Chercheur d'Afriques*.

Dans l'interview qu'elle accorde au journal Tam-Tam, Kolélé dit que l'Indépendance représente à ses yeux la véritable révolution que son pays ait connu. Partagez-vous ce point de vue ? Si oui, peut-on à l'heure actuelle affirmer que l'Indépendance a été une révolution quand on connaît ses conséquences... ?

Avant de le dire dans cette interview, Kolélé m'en a convaincu. A force de l'écouter, j'ai fini par le croire, et je suis capable de vous défendre son point de vue qui est devenu le mien.

Vous savez, j'appartiens à un pays où l'on a beaucoup parlé de la Révolution des 13, 14 et 15 août 1963. C'est tout juste s'il elle n'était pas plus grande que la Révolution française. J'ai participé à ce mouvement, mais je dois dire que j'étais toujours en retrait ; je n'avais pas la force de convaincre des gens de ce que nous étions ridicules par moments, mais j'en avais de plus en plus conscience. Et je me suis rendu compte que dans la vie quotidienne, la Révolution de 1963 n'avait pas apporté de grands changements dans notre pays. Ce qui a apporté des changements, c'est l'Indépendance ; peut-être pas d'améliorations dans la vie, mais ça été quelque chose dont nous avons mésestimé l'importance. En effet, alors que nous avions été habitués pendant des siècles à être commandés, à obéir, à être pris en charge, brusquement nous nous sommes trouvés au poste de commande, et c'est nous qui devions nous insérer dans le monde moderne. Ça, c'était un tremblement de terre dont nous n'avons pas pris conscience. Nous avons continué à chanter, à danser, etc. Ce que J'aime dans cette interview (qui a connu d'ailleurs plusieurs versions avant de devenir ce quelle est), c'est le fait que Kolélé, bien qu'appartenant au monde musical, est très critique à l'égard de notre musique. Je crois que c'est une critique de l'intérieur extrêmement saine.

Vous venez à l'instant d'évoquer la double vie que vous avez menée au Congo en étant à la fois écrivain et homme d'action. Peut-on dire que l'écriture a été pour vous une sorte de thérapie ?

Absolument ! J'ai dit quelque part que j'écris pour me soigner. Je suis un malade perpétuel. Quand je ne suis plus malade, je suis touché par les événements de la vie qui appartiennent soit au domaine politique, soit à la vie personnelle. Et à chaque fois, c'est l'écriture qui m'aide à surmonter mon vague à l'âme. A mon sens, écrire constitue le meilleur médicament qu'on ait jamais inventé.

propos recueillis par
Boniface Mongo-Mboussa
Paris, octobre 1997.

La Danse des passions

de Édouard Al-Kharrat.
Actes Sud, 125 p., 78 F.

Cette danse des passions de l'écrivain égyptien, recueil de sept nouvelles écrites entre 1969 et 1990, commence par deux rendez-vous avec la mort. Rendez-vous choisi pour cet instituteur solitaire qui veut en finir avec sa solitude en décidant un soir de changer, dès le lendemain, de lieu de vie et de se trouver une femme pas "nécessairement belle" mais douce et compréhensive pour lui tenir compagnie. Toutefois, avant de basculer dans ce nouveau monde de félicité, il s'empresse de noyer dans le fleuve Noussa, sa petite chienne si dévouée et si bonne. La volonté défaillante après le triste abandon de Noussa, l'instituteur manque de peu sa propre noyade. Il rentrera chez lui, sans Noussa, plus solitaire que jamais.

Rendez-vous imposé, par contre, pour Haneyya. Une jeune veuve, courageuse, fière de sa relative liberté, de la frêle beauté de son corps, amoureuse de la vie simple et le coeur plein de petits défis. Tous comportements qui tranchaient et choquaient énormément dans ce village de Haute Égypte. Y compris ses trois cousins, Boctor, Chafik et Zekri, qui transformèrent le rendez-vous d'affaires avec Hanneya en piège violent et mortel. La suite est pratiquement de la même veine. Suicide, viol, meurtre, misère, à la campagne comme dans la ville... les nouvelles venues d'Égypte, par la grâce du talent d'Édouard Al-Kharrat, ne sont pas particulièrement bonnes. Mais elles disent aussi la réalité d'une terre rugueuse, ingrate, dure à vivre, où les hommes ne prennent pas toujours des gants pour laisser libre cours à leurs passions. Une terre où le désir de vivre est immense mais où les contraintes sociales, économiques et religieuses sont si lourdes et frustrantes. Le style de l'auteur est sculpté, aérien, imposant. Al-Kharrat, fidèle en cela à la tradition arabe, use souvent de la métaphore, fait appel à la rondeur des mots, aux couleurs chatoyantes de la poésie pour dire certaines réalités dérangeantes.

Fayçal Chehat

Étonner les Dieux

de Ben Okri,
traduit de l'anglais
par Jean Guiloineau,
Christian Bourgois, 192 p., 95 F.

Après le monumental *La Route de la faim,* publié en 1991 et qui lui avait valu le Booker Prize, le Nigerian Ben Okri nous offre un texte tenant de la fable et du fantastique. Avec l'histoire de cet homme qui, petit, rêvait déjà de partir un jour en quête de l'invisible. Après un voyage qui dura sept années où il apprit tant de choses et vécu tant d'expériences, il atteint la cité de l'invisible qu'un guide d'une infinie patience et d'une extraordinaire sagesse aida à visiter et à comprendre. Il lui expliqua que les choses les plus importantes sont celles qu'on ne voit pas. Et là, on entre avec Ben Okri dans la critique de ce monde contemporain qui fait la part belle au matériel, à la consommation outrancière, et qui néglige superbement les qualités profondes et impalpables : l'amour, la passion, la créativité, la pensée. L'auteur nous suggère aussi combien dans nos sociétés contemporaines nous avons tendance à ne pas vivre à fond les expériences et à nous voir ainsi condamnés à refaire les mêmes erreurs : « *Un des fondements de notre civilisation*, affirme le guide à l'homme à la recherche de l'invisible, *c'est de vivre complètement nos souffrances quant elles avaient lieu afin qu'elles restent si profondément ancrées dans notre mémoire et dans notre désir d'une vie supérieure que nous ne voudrions plus jamais connaître de nouveau cette souffrance...*" Dans la société invisible du monde fabuleux de Ben Okri, l'expérience nazie aurait dû, par exemple, éviter aux hommes les guerres coloniales ; la Bosnie aurait dû écarter la détresse algérienne ou l'abîme rwandais. L'homme, nous dit en outre Ben Okri, a toujours tendance à confondre le grandiose et le clinquant avec le vrai, le juste et l'utile. *Étonner les dieux* est un plaidoyer pour l'humilité, la sagesse des hommes et pour l'honneur de l'humanité. En quelque sorte, Ben Okri n'est pas loin de croire que l'homme est infiniment bon, mais que ce trésor de bonté est souvent caché au fond d'un océan de douleur qui le rend invisible à l'oeil nu et qui nécessite souvent de patientes et longues recherches. En ces temps troubles et dangereux, l'existence d'un tel texte est une salutaire bouffée d'oxygène.

Fayçal Chehat

Balbala.
de Abdourahman A. Waberi.
Le Serpent à plumes, 188 p., 119 F.

Du fond d'une cellule crasseuse et étouffante de la prison où il est incarcéré, Waïs, champion international de marathon, hier encore fierté de son peuple et surtout de son gouvernement, fait des plongées vertigineuses et dangereuses dans l'océan du passé et de longues incursions dans le lac du présent de son pays, Djibouti, et aussi de l'Afrique. Entre les quatre murs de sa solitude, et face à l'incertitude du sort que lui réservent les maîtres de l'éditorialiste laudateur qui a toujours pris Tchicaya U Tam'si pour un judoka bulgare, Waïs pouvait s'estimer bienheureux de pouvoir « *rêvasser, nager à contre-courant pour rejoindre les rives de la mémoire, ou encore tenter de tisonner les brandons de l'insoumission* ». Depuis qu'il a été embastillé avec deux de ses amis, Yonis et Dilleyta, et avec sa soeur bien aimée, Anab, et accusé de « sédition » et de conspiration contre « l'unité nationale » et de son corollaire « l'intégrité territoriale », Waïs a tout le temps de réfléchir aux indépendances africaines ratées, aux espérances laminées par les nouveaux féodaux qui ont tout confisqué à des peuples rendus déjà exsangues par une course sans fin vers la paix et un tout petit bout de bonheur. Waïs pense aussi à toutes ces générations dont l'enthousiasme et les ambitions ont été définitivement castrés par les apôtres de la dictature et de l'intolérance et ont finalement hérité « *d'une douleur commune dans un espace déshérité, des traditions guerrières toujours en vigueur, des conflits frontaliers, des belligérances civiles, des réfugiés par millions, l'ivresse tourbillonnante de l'Histoire, l'effroi dans l'échine et la déshérence au quotidien...* » Ce second texte de Waberi se situe à la frontière de la nouvelle et du roman et confirme que le Djiboutien dispose d'une énorme marge de progression. *Balbala* n'est sans doute pas un livre optimiste, mais qui a dit qu'un écrivain devait forcément avoir une écriture et une pensée arc-en-ciel ?

Fayçal Chehat

Fela
"Why Blackman carry shit"

de Mabinuori Kayode Idowu.
Ed. Florent-Massot, 155 p, 119 F.

Fela Anikulapo-Kuti, qui a disparu au début de l'été dernier à la suite d'une longue maladie, avait de qui tenir. En effet, son père était un enseignant pour qui l'éducation était une mission, sa mère était très engagée politiquement et ses deux frères ne l'étaient pas moins. L'un d'entre eux fut même ministre de la Santé en 1985 dans l'équipe du général Babangida. Marié très jeune (22 ans), avant de finir par se constituer un véritable harem, Fela fit une rencontre déterminante avec Sandra Smith lors d'un séjour aux USA en 1969 mais aussi avec la dure réalité de la société américaine. Partis avec l'espoir de conquérir tout un pays, Fela et ses amis se retrouvèrent constamment dans une situation d'humiliation et de détresse. Pendant un an le musicien nigerian va en baver avant de retrouver son Nigeria natal avec un esprit transformé et une conscience encore plus grande de son africanité sur le plan humain et musical : « *Sans cette expérience, je jouerais toujours de la musique anglaise classique comme ceux de mes camarades de l'école de musique qui ne peuvent toujours pas s'identifier à leur peuple d'origine...* » Fela va passer encore quelque temps à se chercher, à poser le socle de son combat. Il changea à deux ou trois reprises le style de musique et le nom de son lieu de production. Du Surulere Night Club, il passe à l'Afro Spot puis à l'Africa Shirine et, au niveau musical, il comprend que pour lui, il ne s'agit plus de divertir « *mais de répandre un message de libération* ». Ce choix lui attire une grande sympathie du public mais attise aussi la haine et la colère de tous ceux qui au Nigeria avaient intérêt à ne pas

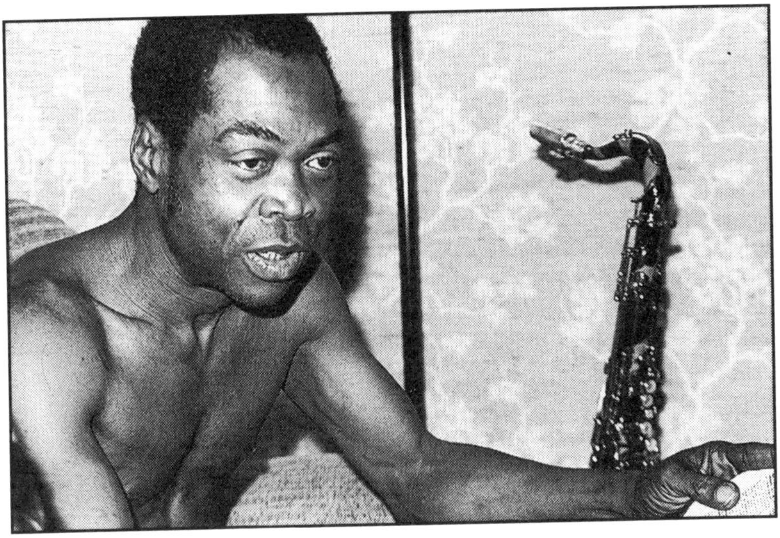

Fela Anikulapo-Kuti. © Angiola Zampiri

avaient intérêt à ne pas réveiller le peuple qui dort. En 1974, Fela goûte pour la première fois à la prison pour détention de cannabis et détournement de mineures (en fait il s'agissait des jeunes danseuses de son orchestre). Marqué, mais nullement abattu, il décide à sa sortie de créer la république de Kalakuta (le nom de sa cellule) en entourant sa maison d'un rideau de fil barbelé de quatre mètres de hauteur et s'engage dans une musique de combat : « *C'est la musique des damnés de la terre,* affirme l'auteur de la biographie, *la musique de ceux qui ont passé leur enfance sous l'oppression, le fascisme, les régimes néo-coloniaux (militaires ou civils)... La musique de Fela est celle... de ces millions de gens qui refusent de mourir en silence...* » L'épreuve de force avec les pouvoirs successifs au Nigeria va durer jusqu'à la mort de l'artiste en juin 1997, c'est-à-dire juste après la parution en France de cet ouvrage sur sa vie. Le livre de Mabinuori, édité une première fois en 1986, n'a hélas pas été vraiment réactualisé et l'on n'apprend pas grand chose sur les dix dernières années de la vie de Fela. Néanmoins, le document vaut largement le détour.

Fayçal Chehat

Nouveautés édition/essais

- **Dictionnaire géopolitique des Etats '98**, par Yves Lacoste (Flammarion, 199 F) - Etat par Etat,

192 analyses permettant de comprendre la configuration du monde contemporain, aussi bien au niveau des territoires que des idées : rapports de forces politiques, forces en présence, revendications, conflits.

- **Héros et Dieux de l'Egypte**, de Jean-Pierre Corteggiani (Flammarion, 198 F) - Dans la série des guides iconographiques, une présentation de près de 350 dieux égyptiens, leurs attributs, les offrandes qui leur sont faites, les grands textes religieux, ainsi qu'une chronologie, un glossaire, une bibliographie et un index.

- **Hommes et Migrations** n°1209 (sept-oct. 1997, 70 F) - *D'Alsace et d'ailleurs* : à l'exemple de la 4ème région française d'immigration, les rapports entre Français et immigrés.

- **Images d'Empire : l'Afrique française - 1930-1960**, comportant plus de 400 photographies et le discours officiel de la politique coloniale de la France. Elaboré par l'ACHAC, Assoc. Connaissance de l'Histoire de l'Afrique contemporaine (La Martinière/Documentation française).

- **L'immigration, une chance pour l'Europe ?** de Dominique Simonnot (collec. Les compacts de l'info, Casterman jeunesse 48 p., 29 F) : un intelligent petit livre, incisif et en couleurs, qui répond en enlevant le point d'interrogation du titre et en donne les raisons.

- **La vengeance du singe, Ed. Dupuis, 48 p., 49, 90 F)** - La suite des aventures de Jimmy Tousseul en Afrique : cette fois Jimmy s'efforce de porter secours à son ami le lion Hermann enlevé par une bande de babouins dirigée par le terrible chef surnommé "celui-qui-n'a-plus qu'une main".

- **Naissance des Etats africains**, de Hélène d'Almeida-Topor (collec. Xxe siècle, Casterman, 128 p., 70F) : largement illustrée, une excellente introduction aux conditions de la période des indépendances pour comprendre l'Afrique actuelle : négociation ou guerre, anciennes frontières , rivalités ethniques, émergences de régimes autoritaires etc.

- **Richesse du Monde, pauvreté des nations** de Daniel Cohen (Flammarion, 95 F) - La mondialisation en cours va-t-elle se traduire par uen montée en puissance des pays pauvres et un appauvrissement de l'Occident ? Un essai d'économie écrit dans un style simple et vivant.

Dans les revues

- À lire dans le numéro de septembre du mensuel **Le Courrier de l'Unesco** un intéressant entretien avec le cinéaste égyptien Youssef Chahine et le célèbre discours prononcé par André Malraux à l'Unesco le 8 mars 1960 à l'occasion du lancement de la première campagne internationale pour la sauvegarde des monuments de Nubie. Ce jour-là, Malraux termina son texte par cette phrase sublime : « *Il n'est qu'un acte sur lequel ne prévalent ni l'indifférence des constellations ni le murmure éternel des fleuves :*

c'est l'acte par lequel l'homme arrache quelque chose à la mort. »

- Le dernier numéro de la revue trimestrielle de **Présence Africaine** (295 p., 150 F) était consacré en grande partie à un hommage rendu à l'écrivain guinéen *William Sassine* décédé le 9 février 1997, avec les contributions de personnalités de la littérature comme Tierno Monénembo ou Cheikh Oumar Kante. Outre le long dossier Sassine, on peut lire avec intérêt les articles de Messaoud Jir : *La situation de la population noire d'Afrique du Nord* ou de Thomas Mpoyi-Buatu : *NTM entre le rap et le dérapage de la loi.*
- **Le Monde Diplomatique** (32 p., 22 F) du mois d'octobre a consacré un grand dossier à la situation politique en Algérie avec les articles de Bruno Callies de Salies (*Les luttes de clan exacerbent la guerre civile)*, de Nadjia Bouzeghrane (*Jours ordinaires à Annaba)* et de Baya Gacemi (*Illusions perdues et espoirs de femmes).* L'Afrique est encore présente avec l'article de Gérard Prunier *Somaliland, le pays qui n'existe pas* et avec la réflexion économique de Christian de Brie *L'Afrique à l'aune du développement virtuel...*
- Dans la revue mensuelle **Étvdes** (n° 387 - octobre 1997, 144 p., 60 F) l'Afrique est au sommaire avec le texte de François Gualme : *Les nouveaux dominos africains.*
- À lire un intéressant article de Patrick Simon, *Parcours des jeunes issus de l'immigration*, dans la revue trimestrielle **Projet** (n° 251,

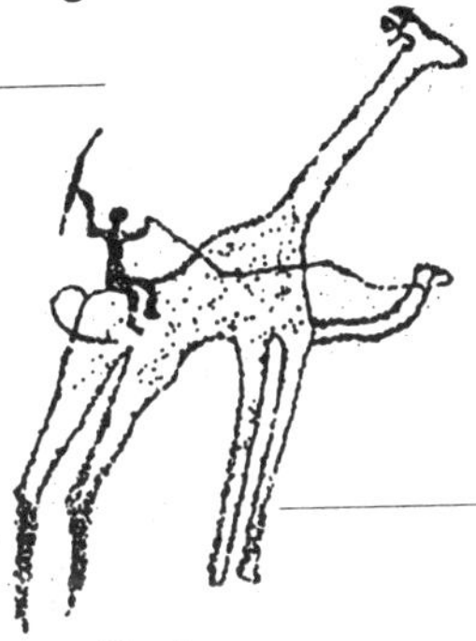

Actualité arts plastiques

Des artistes marocains à Anvers

Trois artistes d'Essaouira : Saïd Ouarzaz, Abdallah Elatrach et Mohamed Tabal ont été sélectionnés pour l'exposition Trance-Dance qui se déroule jusqu'au 30 novembre au Musée Royal des Beaux-Arts d'Anvers.

L'initiateur de cette exposition, le Dr. Paul Vandenbroeck, conservateur du musée - un des plus prestigieux d'Europe avec sa collection inestimable de tableaux de maîtres anciens - et auteur de nombreux ouvrages sur l'art ancien dans ses rapports avec l'ethnographie, est venu à Essaouira en juillet 1995 et y a fait la connaissance du peintre gnaoui Mohamed Tabal et d'autres artistes.

Peu après, il écrivait : « *Le point de départ de l'exposition est un tableau anversois du XVe siècle. Au centre, le peintre a représenté une danse et un rite, dont on connaît une trentaine d'autres représentations artistiques des XVe et XVIe siècles. Jusqu'ici, j'ai su rapprocher ce rite de coutumes méditerranéennes. Mais, étonnamment, c'est le rite gnaoui qui élucide à 100 % le rite peint chez nous au XVe siècle ! Voilà le but de ce projet : présenter et étudier des rapports culturels sur une longue distance géographique et chronologique.* »

Le Dr.Vandenbroeck est revenu à Essaouira sélectionner lui-même les oeuvres pour l'exposition. Il a retenu 22 grands tableaux de Tabal dont certains mesurent plus de deux mètres, ainsi que des peintures d'Elatrach et Ouarzaz. Ils figureront dans l'exposition d'Anvers aux côtés des oeuvres de maîtres des XVe et XVIe siècle représentant des danses « mauresques ». La comparaison interculturelle constitue ici le point central, de même que la tentative de décrire l'image inexprimée de l'homme et du monde qui se cache derrière la pratique rituelle de la transe et de « l'immersion ».

Les oeuvres des trois artistes ont été présentées durant le mois de juillet par la Galerie Fréderic Damgaard d'Essaouira avant leur départ pour la Belgique. La galerie Aplanos d'Asilah a en outre montré des oeuvres d'artistes d'Essaouira durant le mois d'août : Mohamed Tabal et Saïd Ouarzaz mais aussi Abdelmelk Berhiss et Maimoune Ali. L'Espace Jacaranda de Marrakech a également exposé à cette période les oeuvres pointillistes des deux frères Youssef et Hamou Ait Tazarin.

Fayçal Chehat

New-York : de main de maître

Dans l'un des angles des deux grands et lumineux espaces que le Metropolitan Museum de New-York consacre jusqu'au 1er mars 1998 à l'art africain se déploie une petite exposition visant un but précis : mettre en valeur le talent tout à fait personnel de quelques uns des plus grands artistes africains, en l'occurrence celui d'une trentaine de sculpteurs yoruba, tels Owone, Bamgboye, Aerogun ou Bamgbose, qui tous furent célébrés comme « maîtres » et créateurs d'un style, d'une griffe, aisément reconnaissables, même si leurs oeuvres ne sont pas formellement signées et ont été le plus souvent présentées de façon anonyme dans les collections occidentales.

Aux titres et descriptifs des oeuvres s'adjoint donc le nom des artistes qui, dès l'âge de dix ans entraient en apprentissage dans les ateliers de sculpture, travaillant pour le maître qu'un jour ils égaleraient ou dépasseraient. Les apprentis aidaient certes largement l'artiste à réaliser son œuvre, mais la conception et l'exécution principale lui revenaient. Dans la culture yoruba, la composition, le volume, les couleurs, les contours d'une œuvre désignaient son auteur aux yeux de tous, aussi sûrement qu'un paraphe gravé.

Le plus célèbre des sculpteurs yoruba est sans doute Olowe of Ise (1873-1938) ; originaire de la région d'Ekiti, il travailla au service de son roi, l'Arinjale, puis pour les souverains d'autres régions, avant de voir ses oeuvres acquérir une réputation internationale lorsqu'en 1924, le British Museum se procura deux portes sculptées qu'il avait réalisées pour le palais d'Ikere. La rapidité et la précision de la ligne, ainsi que la très grande habileté architecturale font partie des qualités unanimement reconnues d'Olowe.

Mais les oeuvres les plus frappantes de cette exposition sont peut-être les masques Epa, composés d'un visage assez abstrait faisant usage de socle sur lequel s'élève une pyramide de petits personnages, femmes, enfants, serviteurs ou soldats, entourant la figure principale qui s'élève majestueusement, femme épanouie symbole de plénitude maternelle, ou roi paradant sur son cheval-trône. Bamgboye (1893-1978) était passé maître dans la réalisation de ces masques extrêmement complexes, utilisés au cours de danses et cérémonies honorant une personnalité de la communauté.

Autres exemples de l'inventivité et l'originalité de ces sculpteurs hors du commun, les masques du culte Gelede, qui célèbrent le pouvoir des femmes, un pouvoir perçu comme ambivalent, créateur et donc aussi destructeur. Témoin ce masque étrange taillé dans le bois, un visage rond au regard et au sourire de sphynx, coiffé d'un bonnet en peau de serpent d'où surgissent deux courts tuyaux en forme de couettes où viennent s'encastrer deux longs corps verticaux et jumeaux de serpents en train d'engloutir deux antilopes dont on n'aperçoit plus que les têtes... Drôle de chevelure, imaginée et sculptée par Fagbite Asamu, originaire de Ketu, à l'ouest du Nigeria, et mort dans les années cinquante, et achevée par son fils Falola Edun, né en 1900, que l'on peut voir au travail dans une vidéo diffusée sur un petit écran.

Cette exposition atteint donc son objectif, tant il est clair que les sculpteurs yorubas, dans le cadre cérémoniel ou de commande qui leur est imposé, réussissent à imprimer leurs fortes personnalités dans des oeuvres très élaborées. Cela encouragera-t-il les conservateurs de musées à rechercher et reconnaître davantage les auteurs des joyaux de l'art africain ?

Luc Deschamps
correspondance New-York

Agenda novembre

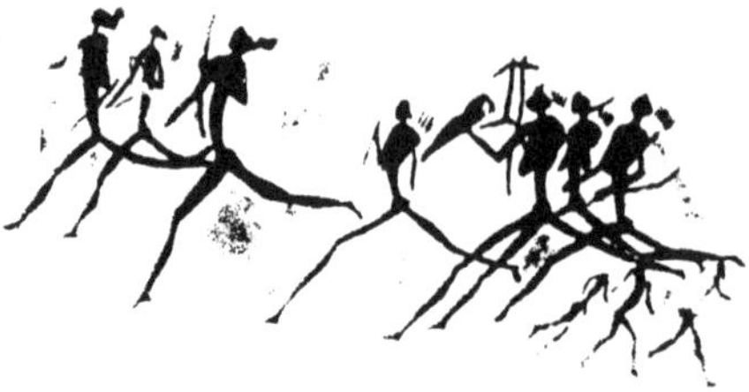

Bazutoland, Afrique du Sud

cinéma

France - ***En salles*** :

- *Buud Yam*, de Gaston Kaboré (Burkina Faso).
- *Clando*, de Jean-Marie Teno (Cameroun) ;
- *Le Destin*, de Youssef Chahine (Egypte) ;
- *Essaïda*, de Mohamed Zran (Tunisie) ;
- *Fools*, de Ramadan Suleman (Afrique du Sud) ;
- *Keïta, l'héritage du griot*, de Dani Kouyaté (Burkina Faso) ;
- *Malik le maudit*, de Youcef Hamidi (France) ;

Sorties novembre :

- Le 5, *100 % Arabica*, de Mahmoud Zemmouri ;
- Le 26, *Sous les pieds des femmes*, de Rachida Krim ;
- Le 26, *Zaïre, Le Cycle du serpent*, de Thierry Michel.

Paris - Jusqu'au 10, ***Histoires du cinéma documentaire*** au Musée de l'Homme, Palais de Chaillot. Trocadéro. 01 44 05 72 59.

Amiens- Du 7 au 16, ***17° Festival international du film***. Très nombreux films d'Afrique et diaspora noire. Nouveaux films à découvrir en compétition : *Africa Dreamings* (série d'Afrique du Sud), *Lalla Hobby* (Mohamed A. Tazi, Maroc) ; et hors compétition : *L'Arche du désert* (Mohamed Chouikh, Algérie), *Bent Familia* (Nouri Bouzid, Tunisie). 03 22 71 35 70.

Nantes - du 25 nov. au 2 déc. : ***Festival des Trois continents***. 60 films de fiction d'Afrique, d'Asie et d'Amérique latine et noire. Hommage et carte blanche à Gaston Kaboré (Burkina Faso). Découverte de 2 maîtres du mélodrame égyptien Hassan El-Imam et Ezzeddine Zulfikar. Expositions photos avec notamment *Afrique nomade* et *Angelo, l'œil charmeur du Caire*. 01 48 06 40 05.

Toulouse et région -. Du 5 au 15 : ***Regards du Sud.*** Films d'Afrique à l'ABC, Utopia, Le Cratère, la Cinémathèque, le centre cult. A. Minville. Le 8 : proj.-débat, *La moitié du ciel d'Allah*, de Djamila Sahraoui, sur la femme algérienne. Le 13 : Hommage à Med Hondo à la Cinémathèque. 05 61 15 44 77.

Montpellier - Jusqu'au 2, ***19° festival du cinéma méditerranéen***, avec une rétrospective du cinéma marocain. (04 67 66 36 36).

Suisse - ***Festival Cinemafrica*** jusqu'au 30. Cinéma municipal de Zurich et dans 8 autres villes. 11 invités, films récents, rétrospective émigration et films de la diaspora. 0041 1 216 30 28.

Télévision

Canal Horizons - Diffusera en novembre *Tableau Ferraille* de Moussa Sene Absa (Sénégal).

Théâtre

Paris - ***Voix d'Afrique.*** Spectacle musical contes et musiques d'Afrique de l'Ouest. *Lamine Konté* (Kora), *Moussa Cissoko* (percussions), *Ibrahim Soumano* (Balafon, guitare). Les 26, 27 et 29 novembre à l'Amphithéâtre du musée. Cité de la Musique, 221, avenue Jean-Jaurès 75019 (01 44 84 46 46).

Paris - ***Rencontres des cultures urbaines.*** Le 1er à 19 h et le 2 à 16 h, ***Bintou*** de Koffi Kwahulé, création de Gabriel Garran. Les 6 et 7, ***Un mot pour un autre de Tardieu***, Cie du Labyrinthe, et ***Séquences urbaines***, Cie Amel. Au TILF-La Villette, Pavillon du Charolais. Les 8 et 9, ***Trame***, Cie Les Héliades, Théâtre Paris-Villette. 0803 306 306. Rés. 0803 075 075.

Paris - ***Black and Black***, de Pierre Sauvil, mise en scène de Idriss et d'Olivier Sabin, avec M. Dieye, S. Amoussou. Au Théâtre de Dix-heures, 36, bd de Clichy 75018 (01 46 06 10 17). Tous les soirs à 20h30 sauf dim. et lun.

Paris - L'humoriste franco-algérien ***Kamel*** offre un solo tous les soirs (sauf dim. lun.) au Plateau 26, 26, rue des Lombards 75004 (01 48 87 10 75).

New-York - ***Shades of Harlem***, par The National Black Touring Circuit, au Schomburg Center for Research in Black Culture, 515 Malcom X Bd, NY 10037-1801

Paris - ***Atlantida 97. Le Festival des cultures de langue portugaise.***
Concerts - Le 26 : *Chico César* (Brésil), *Joâo Afonso* (Mozambique). Le 27 : General D. (Portugal), *Stomy Bugsy* (Cap Vert), *Lord Kossity.* Le 28 : *Tito Paris* (Cap Vert), *Maria Alice* (Cap Vert), *Carlos Burity* (Angola). Elysée Montmartre, 72 boulevard Rochechouart, 75018.
Littérature - Le 26, débat : *Brésil-Afrique, Echanges & influences réciproques.* Auteurs invités : Maria Isabel Barreno, Lidia Jorge Mario Claudio, Luisa Costa Gomes (Portugal), Chico Buarque de Hollanda (Brésil), Virgilio De Lemos, Luis Carlos Patraquim (Mozambique), Germano Almeida, Oswaldo Osorio (Cap Vert), José Eduardo Agualusa (Angola), Vasco Cabral (Guiné Bissau). Ambassade du Brésil, 34 cours Albert 1er, 75008.
Exposition - *Africas*, de José Afonso Furtado. Jusqu'au 14 à la Fondation Calouste Gulbenkian, 51, av. d'Iéna 75016.
Contact : Deguilhme Sandrine et Stefanuto Manuelle (Tel : 01 43 39 62. Fax : 01 43 56 20 12).

(212/491 2263).

Danse

Paris - Programme Hip-Hop tous les mercredis à 15h avec la compagnie Ikanji et trois duos : *Nous ne sommes pas des Stremons* (Hakim Maiche et David Valentine), *Akashan* (Hakim Maiche et Régis Truchy), *Et si...* (Bintou Dembele et Rabah Mahfoufi). Les 5, 12 et 13, 18 et 19, 25 et 26 au Théâtre contemporain de la danse, 9, rue Geoffroy-l'Asnier 75004 (01 42 74 44 22).

Paris - ***Rencontres des cultures urbaines***. Le 1er et le 2 : Solo Jean-Claude Pambe-Wayack (Mystère), Mission impossible, Cie Montalvo-Hervieu (La mitrailleuse en état de grâce), Rennie Harris (PureMovement). Les 6 et 7 : Cie Spice, Duo Rabah Bintou, Anne-marie Porras/Tékameli (Fils du vent), Tamaki Toriyabe. Les 8 et 9 : Cie Accrorap (Echafaudage), Révolution Danse, Storm and Jazzy Project. Jusqu'au 9, tlj à 18 h 30, jeunes compagnies à la Scène de la

Lille - ***Fest'Africa 97***.

Journée d'études à l'Université de Lille III : *Littératures et migrations*.

Ateliers scolaires avec Alain Mabackou, poète congolais.

Théâtre : les 11, 12 et le 14 à Roubaix, *L'Aubade des coqs*, de Nocky Njedanoum (Tchad) par le Logone Chari Théâtre (Tchad). Du 18 au 22, *La Boutique* d'Amadou Bourou (Burkina Faso) et du 11 au 16, *Fables et Contes africains*, par la Cie Feeren (BF), à la Verrière.

Expositions : jusqu'au 18, *Kayes-Lille-Kayes et Images du Mali*, photos d'Emmanuel Goulliart, Tiemoko Touré et Bernard Descamps à la médiathèque Yourcenar. Jusqu'au 29, *Images de l'Afrique dans la littérature française et européenne* et *Houn-Noukoun, tambours et visages*, photos de Thomas Dorn à la bibliothèque municipale.

Cinéma : jusqu'au 11, *Kini & Adams* (Idrissa Ouedraogo), *Octobre* (Abderrahmane Sissako), *La Captive du désert* (Raymond Depardon) et courts métrages au Mélies.

Musique : Le 7, Donny Elwood (guitare, Cameroun), Marc Vella (piano) et Adama Drame (djembé Guinée), La Métaphore. Le 15, Ngaari Laax (Sénégal), Tibesti (Tchad) et Touré-Touré (Sénégal), Aéronef.

Rencontres : Le 9, *Hommages à Williams Sassine, Ken Saro Wiwa et Etienne Goyémidé*. Le 10, *Recherche, critique et circulation de la littérature négro-africaine et maghrébine*. Le 10, *Ecrivains africains d'Afrique et écrivains africains de la diaspora - quelles frontières ?* Le 11, Les écrivains face aux nouvelles démocraties africaines. Le 12, *Ecrire au-delà de son île* (Antilles). Le 15, *Quel avenir pour la poésie en Afrique du Sud du Sahara et au Maghreb ?* Le 15, *Le conte en Afrique et en Europe ou la métaphore de l'animal*.

AMA - 9/2 Petite rue de l'Alma - 59800 Lille - tél. : 03 20 06 21 59

Nef dans la Grande Halle. Les 6 et 7, ***Vol plané*** par la Cie Articulation : théâtre et danse hip hop pour retracer avec humour l'itinéraire d'un jeune toxico en prison. La Villette (0803 306 306, rés. : 0803 075 075).

Expositions

Paris - ***Masques africains*** à la Banque Générale du Luxembourg depuis le 15 septembre et jusqu'à la fin avril 1998.

Paris - Jusqu'au 2, ***Femmes du Sahel***, de Marie-José Tubiana, ethnologue, à l'est du Tchad et l'ouest du Soudan. Hall du Musée de l'Homme, Palais de Chaillot, Trocadéro. 01 44 05 72 72.

Paris 94 - ***La participation des « étrangers » aux combats pour la libération de la France***. Grâce essentiellement à des documents photographiques, cette exposition, initiée par le musée de la Résistance nationale, montre l'important et décisif engagement des étrangers pour la France pendant les deux grandes guerres mondiales (100 000 soldats du Maghreb sont morts lors de la guerre 14-18 par exemple et soixante nationalités étaient recensées lors de la guerre contre le nazisme entre 1939 et 1945). Une heureuse initiative en ces heures de frilosité française. Jusqu'au 31 mars 1998 au Musée de la Résistance nationale, 88, avenue Marx-Dormoy, 94501 Champigny-sur-Seine (01 48 81 00 80).

Bordeaux - Du 5 au 20, ***The Black Album Photo***, par Santu Mofokeng (Afrique du Sud) : images des familles noires des classes moyennes laborieuses. A partir du 28, ***Tonnerre de Dieu***, sculptures de Simonet Biokou (Bénin). Le 28, rencontre avec Biokou et le sculpteur bordelais Jacques Franceschini à 18 h 30. Porte 2a, 16 rue Ferrère (05 56 51 00 78).

Marseille - ***Afriques.*** Photos racontant le voyage de Raymond Depardon à travers une douzaine de pays d'Afrique en partant du Cap de Bonne Espérance jusqu'à Alexandrie en Égypte, et base du film *Afriques, comment ça va avec la douleur ?* Jusqu'au 30 novembre 1997 à la Fnac de Marseille, Centre Bourse, 13001 Marseille (04 91 39 94 00).

Paris - ***Réceptacles.*** L'art africain du réceptacle pendant cinq mois au musée Dapper. Tout ce qui sert à contenir, conserver, transporter des produits liquides ou solides, des ingrédients, des matières animales ou végétales a connu un grand développement en Afrique et donné naissance à une multitude d'objets : bassines, calebasses, jarres, paniers, plats, coupes, cornes à boire, pipes, fourneaux de pipes... Pour les fabriquer, les Africains utilisaient tous les matériaux disponibles : bois, céramique, ivoire, métal, terre cuite... Mais les réceptacles n'ont pas qu'une valeur d'usage, ils revêtent souvent une valeur initiatique, servent à des pratiques rituelles appartiennent à un univers "magico-religieux"... L'exposition offre au regard des objets venant de l'ex-Zaïre (Kuba, Mangbetu, Ngbaka, Luba, Luluwa), d'Angola (Tshokwe), du Cameroun (Mambila, Grassland), du Mali (Dogon) ou de Côte d'Ivoire (Baoulé, Sénoufo, Gouro, Yo-houré)... Un livre accompagne l'exposition (248 p., 280 F). Jusqu'au 30 mars 1998 au Musée Dapper, 50 avenue Victor-Hugo, 75116 Paris (01 45 00 01 50).

Bordeaux - ***Les Jardiniers de la mémoire***, expo. de l'artiste souiri Maimoune Ali au Site de la Création franche à Bègles, fondation célèbre pour sa « collection d'art brut et inventive ».

Belgique - ***Trance-Dance***. Des artistes du Sud comme ceux d'Essaouira : Tabal, Elatrach et Ouarzaz, voisinent avec des tableaux des maîtres anversois du XVe et XVIe siècles. Anvers, jusqu'au 30 nov. au Musée Royal des Beaux-Arts.

New-York - ***Master hand : individuality and creativity among yoruba sculptors***, Metropolitan Museum of Art, jusqu'au 1er mars 1998. ***Baule : African Art/Western Eyes***, Yale University Art Gallery, jusqu'au 4 janv. (à New Haven). ***Harlem : The Vision of Margen and Marvin Smith***, Schomburg Center for Research in Black Culture, 515 Malcom X Bd, NY 10037-1801 (212/491 2263).

Littérature/Edition

Lyon - Du 20 au 22, ***Salon Doc Forum*** : édition et documentation spécialisées. Palais des Congrès (04 72 40 54 58).

Musique

Epinay s/Seine - ***Durs mais sages.*** Spectacle de musique et de danse sur le thème de la violence et du racisme donné par l'atelier chansons du Centre de Jeunes et d'actions socioculturelles (Maghreb) de Bruxelles (quartier de la Senne) et la Fondation Jacques Gueux. Le 29 (20h 30) à la Maison du Théâtre et de la Danse, 75/81, avenue de la Marne (01 48 26 45 00 - 01 48 27 10 12).

Paris - ***Rencontres des cultures urbaines.*** Les 6 et 7, ***Djoloff***, rappeurs sénégalais. Les 8 et 9, sélection de rappeurs, Cabaret Studio (Grande Halle) et ***Tuer n'est pas jouer*** : douze rappeurs amateurs de Seine Saint-Denis et quatre jazzmen professionnels se sont associés pour un concert contre la violence dans le cadre d'un projet mené par la PJJ-93. Salle Boris Vian (Grande halle), Parc de la Villette, 211 avenue Jean Jaurès 75019 Paris (0 803 306 306, rés. : 0803 075 075).

Strasbourg - ***Jazz d'or.*** Le 12 au CSC Cronenbourg (20 h 30) : *Nahawa Doumbia* (Mali) ; le 21 à la salle des Fêtes de Schiltigheim (20 h 30) : La nuit africaine avec *Moribo Koïta* et *le Sorotoumou* (Mali), *Sally Nyolo* (Cameroun) et *Cheik Tidiane Seck* (Mali). 12, rue des Juifs 67000 Strasbourg (03 88 37 17 79).

Tourcoing - ***Couleurs Jazz***, jusqu'au 15. 03 20 28 96 99.

Concerts

- ***Abdelmadjid Meskoud*** le 14 à **Paris** (C.C. Algérien).
- ***Abbey Lincoln*** (jazz) le 2 déc. à **Bordeaux** (CAPC, Musée d'art contemp.).
- ***Boy Ge Mendes*** (Cap-Vert) le 7 à **Paris** (New Morning).
- ***Buru*** (Sénégal) le 5 à **Toulouse**, le 7 à **Ariège**, le 22 à **Montreuil**.
- ***Cesaria Evora*** aux **Etats-Unis** : le 1er à New-York, le 3 à San Antonio (Texas), le 8 à Los Angeles, le 9 à San Francisco, le 10 à Santa Rosa (Caroline), le 12 à Ashland (Oregon), le 13 à Portland (Oregon), le 14 à Seattle, le 27 à **Macon** (France), le 29 à **Amsterdam** et le 2 décembre à **Pau** (France).
- ***Charles Mombaya Massani*** le 8 à **Paris** (Église Saint-Georges).
- ***Cheick Tidiane Seck*** (mandingue avec influences nord-américaines) le 14 au **Blanc-Mesnil** (région parisienne).
- ***D'Gary*** (Madagascar) le 3 à Vaga, le 5 à Tönsberg et le 6 à Bo (**Finlande**).
- ***Frères Guissé*** (Sénégal) au **Maroc** : le 1er à Rabat, le 4 à Meknès, le 5 à Fès, le 7 à Marrakech, le 8 à Agadir.
- ***IAM*** le 1er et 2 déc. à **Paris** (Olympia) et le 5 déc. à **Bordeaux** (Espace Medoquine Talence).
- ***Ismaël Lô*** le 8 à Hanoï (**Vietnam**), le 10 à Ho Chi Minh Ville.
- ***Manu Dibango*** le 10 à **Arlon** (France), le 11 à **Armentières** (Tourcoing Jazz Festival - 03 20 28 96 90).
- ***Maudo Sey*** (Gambie) le 8 à **Dakar** (CCF).
- ***Meiway*** (Côte d'Ivoire) le 6 décembre à **Cotonou** (Bénin).
- ***Moriba Keïta*** *et* ***Nahawa Doumbia (Caravane Africolor,*** Mali*)* le 6 à **Bordeaux** (Lormont) et à 17 h au Forum Fnac pour un concert-rencontre. Tournée ***Nahawa Doumbia*** : **Marseille** le 1er, **Nantes** le 4, **Rennes** le 5, **Angers** le 7, **Roannes** le 8, **Anvers** le 9, **Strasbourg** le 12, Larnod (**Besançon**) le 13, **Neuchâtel** le 14, **Beauvais** le 15. Album : *Yankaw.*
- ***Noureddine Chenoud*** le 7 à **Paris** (C.C. Algérien 01 45 54 95 31).
- ***L'Orchestre National de Barbès*** le 4 à **Niort**, le 7 à **Creil**, le 8 à **Calais**, le 13 à **Pau**, le 14 à **Laon**, le 21 à **Saint-Étienne**, le 22 à **Saint-Martin d'Hères**, le 23 à **Paris** (Zénith) et le 2 décembre à **Saint-Nazaire**.
- ***PBS*** (Sénégal) sera en résidence du 15 au 24 à **Chicago** pour une création jazz/sabbars/hip-hop/mandé avec Doudou Ndiaye Rose, Rober Irwing III, Dj Abdel Kouyaté.
- ***Pops Mohamed et les Femmes Xhosa*** (Afrique du Sud) sont le 7 à **Grenoble** (Le Cargo) dans le cadre des Musiques Nomades.
- ***Positive Black Soul*** du 11 au 24 à **Chicago** (États-Unis).
- ***Ray Lema***, le 5 à **Bordeaux** (inauguration de Porte 2a).
- ***Sally Nyolo*** le 7 à **Epinay**, le 12 à **Montréal**, les 16, 17 et 18 à **Sao Paulo**, le 21 à **Strasbourg**, le 22 à

Marseille

Programme spécial 20e anniversaire de la Maison de l'étranger.

Musique : le 14, *Les tambours du Burundi* ; le 25 : *Mah Damba* (Mali). *Toto La Momposina* (Colombie).

Cinéma : *Mémoires d'Immigrés, l'héritage maghrébin*, de Yamina Benguigui. Le 5 déc. à 18 h. Table ronde à 21 h.

Conférence le 4 décembre : *Où sont passés les immigrés ? Le discours impossible* par Simone Bonnafous.

Maison de l'Étranger, 9, avenue du Gal Leclerc 13003 (04 91 28 24

Bruges, le 29 à **Roubaix** et le 4 décembre à **Paris** au Bataclan.

- ***Sapho*** le 1er à **Genève**, le 6 à **Sedan**, le 7 à **Bethune**, le 12 à **Montréal**, le 27 au Zénith à **Paris** et le 28 au Festival de cinéma de **Seine St Denis**.
- ***Sungalo Coulibaly*** le 15 à **Lyon** (Rail Théâtre).
- ***Tambours de Brazza***, le 4 au CCF de Rose Hill, **Ile Maurice**.
- ***Teofilo Chantre*** (Cap Vert) le 7 à **Paris** (New Morning).
- ***Toto La Momposina*** le 12 à Paris (New Morning).
- ***Trans-Orient*** (création israélo-marocaine de Youval Micenmacher) le 28 à **Meylan** (L'Hexagone).
- ***Yuri Buenaventura*** le 15 à **Tourcoing**.

conférences/rencontres

Lille - Les 28 et 29 à l'hospice Comtesse, ***Autres cultures, autres revues*** (initialement prévu les 17 et 18 octobre). Tables rondes autour des thèmes du regard sur l'Autre, du racisme et de l'identité. Avec les principales revues traitant de la question en France, Belgique et Luxembourg. Présentation d'**Africultures.** Ent'revues (01 47 03 40 03).

Paris - Le 6, colloque de l'ACHAC, Assoc. Connaissance de l'Histoire de l'Afrique contemporaine : ***Ville, école et intégration, état des lieux***, avec Adil Jazouli, Madeleine Rebérioux, Gustave Massiah, Michèle Tribalat, Emmanuel Todd, Sandrine Lemaire, Jean-François Bayart, à l'Institut du Monde Arabe. Rens. 01 45 02 65 80.

Paris - ***Travaux d'ethnologue*** à 18 h 30 : Le 5, Un roi africain et sa musique de cour, par Gilbert Rouget. Le 19, le Sénégal oriental à travers les collections du musée de l'Homme, par Marie-paule Ferry. Le 26, Njembe, l'initiation des filles chez les Nzebi (Gabon), film d'Anne Dupuis. Musée de l'Homme. Palais de Chaillot. Trocadéro. 01 44 05 72 72.

Paris - Conférences-débats à l'Ambassade du Burkina Faso. Le 15, ***L'Unesco et les pays du Sahel***. Le 28, ***Le Sida en Afrique***. 159 bd Haussmann, 75008 (01 43 59 90 63).

Marseille - ***Au Sud du Sud***. Le 1er

à 17 h, ***Le regard occidental sur les images d'Afrique***, par Olivier Barlet. A 19 h, courts métrages et contes de P.T. Ouedraogo. 21 h : *Essaïda*, de Mohamed Zran (Tunisie). Cinéma Alhambra. 04 91 42 20 50/04 91 90 72 57.

Toulouse - ***Regards du Sud***. Le 7 à 20 h 30, ***Images de femmes : le point de vue de réalisatrices africaines***, avec Djamila Sahraoui (Algérie), Fanta Nacro (Burkina Faso) et Catherine Ruelle (RFI). Le 13 à 12 h 30, ***Le regard occidental sur les images d'Afrique***, par Olivier Barlet, au CIAM - Université de Toulouse Mirail. 05 61 15 44 77.

Sénégal - Louis Camara présente son dernier livre au CCF de Dakar à 18 h (221/821 18 21).

New-York - Le 8, ***Objects of Power : The Kongo Nkisi***. Le 15, ***Treasures Gathered, Treasures Kept : Storytellers***. Le 29 : ***Butterflies, Messages and Masks***. Museum for african Art. 593 Broadway, NY 10012 (212/ 966 1313). Le 2, ***Conversations on the Future of Black America***, au Schomburg Center for Research in Black Culture, 515 Malcom X Bd, NY 10037-1801 (212/491 2263).

Washington DC - Le 8, ***Gifts to the National Collection of African Art***; le 22, ***Nigerian Art - Kindred Spirits***. National Museum of African Art, 950 Independance Av. S.W. Washington DC 20560 (202/357 4600).

Le coin cyber

L'Afrique... grâce à WoYaa !

L'Afrique, malgré ses difficultés, existe bel et bien sur internet à tous les niveaux. Et nous aurons l'occasion à travers cette rubrique de vous le prouver chaque mois (sites culturels). 10%, semble-t-il, de marge d'évolution mensuelle en matière de connections africaines, une dizaine de pays déjà reliée au réseau mondial, des sites et des cybercafés qui s'ouvrent (cf. le *metissacana* de Dakar)...

Allons cette fois chez WoYaa ! Africa Search (**//www.-woyaa.com**), un moteur de recherche entièrement consacré aux sites africains (en passant par l'Océan Indien et les Caraïbes), qui se donne pour objectif de faire connaître le maximum de sites au plus grand nombre, en accroissant leur visibilité pour les rendre plus accessibles. Concrètement, on peut y *surfer* en français ou en anglais et y trouver près d'un millier de sites sur le sujet (liens aussi avec l'Afrique en exil) : arts, éducation, société... On y parle d'un concert de Ray Lema à Paris comme de la dernière recette culinaire inventée par le monde swahili. On peut même y écouter du son (cf. radio *Africa*). Avantage : on se retrouve sur des moteurs tels que *Yahoo !* (le géant américain) ou *Nomade* (un francophone). *Soeuf Elbadawi.*

Murmures

rubrique animée par
Fayçal Chehat

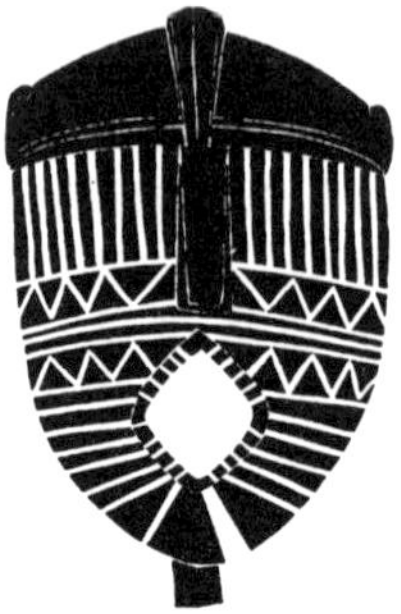

Masque tambour Kongo, Angola

cinéma

Prix - *Ainsi soit-il*, de Jo Gaye Ramaka (Sénégal), a remporté le *Lion d'argent* du court métrage du Festival de Venise.

Paris - Le festival organisé chaque année par Images d'Ailleurs aura pour thème : ***Cinéma et Immigration*** (du 1er au 7 avril 1998).

Afrique du Sud - Le 2ème marché international du film et de la télévision de Cape Town est prévu du 3 au 7 novembre 1997. 11000 délégués originaires de 40 pays sont attendus dans les studios *Longkloof.*

Afrique du Sud - Le tournage d'un film intitulé *Mambo* qui raconte l'histoire d'un pachyderme guidant son troupeau au milieu d'un champ de mines a commencé fin octobre à *Swammari.*

Algérie - L'auteur du film *La Colline oubliée*, Abderahmane Bouguermouh, prépare *La Terre et le Sang*, une adaptation du roman d'un autre écrivain Kabyle, Mouloud Feraoun. Le film sera une coproduction algéro-française.

Ile Maurice - Le tournage d'une comédie musicale intitulée *Tirani* commencera à Port-Louis (Île Maurice) en novembre 1997 et se prolongera jusqu'en mars 1998. Le film sera réalisé en joint-venture avec la *National Film Development Corporation.*

Télévision

Arte - Franck Cassenti tourne un film musical sur le groupe de femmes *Nzalabantu* de Colenso (Afrique du Sud). Diffusion en 1998. Frédéric Mitterrand tourne jusqu'au 2 nov. à Beyrouth un portrait d'Oum Kalsoum prévu pour 1998.

CFI - Canal France International vient de signer un accord de collaboration avec la chaîne thématique *Histoire & Voyage* dont elle diffusera les programmes en Afrique à partir de 1998.

Chaîne Sud - Dernière née du bouquet de chaînes numériques TPS, elle est axée sur les pays du Sud, en particulier l'Afrique. Installée à Paris avec une équipe de journalistes africains, elle émet pur le moment deux heures par jour en diffusant des émissions de télévision et de producteurs des pays africains, des Caraïbes et de l'Océan Indien.

Cameroun - Le premier marché panafricain de télévision aura lieu début 1998. Contact : à Yaoundé, Rémi Atangana Abega, fax (237) 22 62 62 ; à Paris, Emmanuel Toko, tél. : 01 43 02 31 70, fax 01 43 02 64 00.

Ile Maurice - Une série télévisée riche de 52 épisodes sera produite par les Mauriciens avec un partenaire indien (*Kritany International)*. Les six premiers épisodes seront prêts au mois de novembre. La partie marketing de cette création sera assurée par *Satellite Channels* en trois versions (anglaise, française et hindi).

Afrique du Sud - La chaîne privée française TF1 s'est portée candidate à la création de la première chaîne de télévision privée hertzienne en Afrique du Sud. TF1 s'est associée à hauteur de 20% avec le consortium local *News Channel TV*. Par ailleurs, un essai de télévision locale a été tenté avec succès à Soweto en mai dernier (M-Net Imbizo Day).

Afrique lusophone - Une nouvelle chaîne à destination des pays africains parlant portugais et basée au Cap Vert émet depuis janvier : RTP-Africa, soutenue par le gouvernement portugais.

Mozambique - Un réseau de télévision cablée va démarrer en décembre, Telecabo. On compte 25 000 souscripteurs à Maputo pour un choix de 30 chaînes de radio et télévision comprenant CNN, Sky, BBC et MTV. Son succès est dû à son faible coût, sa haute qualité de son et d'image et sa variété de programmes.

Radio

Sénégal - Après Sud FM, dont les émissions en wolof connaissent un grand succès, un autre quotidien, lance aussi sa radio privée à Dakar, Wal Fadjri FM.

Marseille - Radio Grenouille (88, 8 FM) diffuse chaque semaine Métis-Sons, une émission d'une heure sur les chants du monde et les musiques métisses. Contact, le Mur du Son. Tél. : 04 91 69 45 66.

Photographie

Prix - Mamadou Touré Béhan (Sénégal) a remporté le prix *Afrique en Créations* de la photographie lors des Jeux de la Francophonie organisés à Antananarivo du 26 août au 6 septembre 1997.

Tunisie - Tunis organisera son mois de la photographie du 15 novembre au 15 décembre 1997. Une importante participation étrangère est attendue.

Arts

Bordeaux - Guy Lenoir, responsable artistique de Migrations Culturelles aquitaine afriques, animera un nouveau lieu , ***Porte 2a***, qui sera inauguré le 5 novembre par une carte blanche à Ray Lema. Dans cet espace d'expression consacré aux arts de l'Afrique contemporaine auront lieu des rencontres culturelles, des expositions, échanges et rencontres, des résidences et des stages. De déc. à janv. aura lieu une exposition d'artistes gabonais. 16, rue Ferrère, 33000 Bordeaux (tel : 05 56 51 00 78, fax : 05 56 51 00 83).

Allemagne - Avec une moyenne de 450 visiteurs par jour, l'exposition *Masques africains* présentée du 7 février au 27 avril au *Haus der Kunst* de Munich (Allemagne) à connu un vrai succès populaire. Le catalogue, tiré à 2000 exemplaires, a été épuisé en quelques jours. L'exposition a pratiquement connu le même engouement à la *Kunsthalle* de Bielefeld (Allemagne) où elle était visible jusqu'à la fin du mois d'août.

Sénégal - L'Association *Artistes-Voyageurs* propose un programme 97-98 très diversifié avec, entre autres, une visite en novembre à Saint-Louis du Sénégal de deux costumières sur le thème des teintures traditionnelles et leur rencontre avec "la" costumière du cinéma sénégalais : Oumou Sy. Une rencontre en janvier entre un tisserand français et des artisans nomades autour des tissés manjaks et la mise en résidence de la Compagnie Pier Ndoumbé pour six mois de danse africaine contemporaine avec les jeunes de la ville de Saint-Louis et des compagnies sénégalaises. Contact : Véronique Picart (01 45 73 21 55). Contact à Saint Louis : Artistes Voyageurs, BP 719, 145 route de l'Hydrobase, Saint-Louis, Sénégal.

Sénégal - Un groupe de dix artistes réunionnais ont été invités à partager du 20 septembre au 26 octobre les ateliers d'artistes sénégalais (danse, sculpture, peinture...) dans le village de Tendimane.

Sénégal - *Momar Seck* a remporté le troisième prix du concours *Live'Art* de Gstaad (Suisse) qui récompense les douze meilleurs étudiants des académies européennes d'art. L'artiste sénégalais est devancé par un espagnol et un australien. M. Seck, natif de Bargny, ancien élève de l'École Supérieure Artistique de Dakar, représentait lors de ce concours l'Académie de Genève.

Egypte - Le coup d'envoi de la saison culturelle France-Egypte " *Horizons partagés* " donné en septembre à Paris aura une version égyptienne en novembre à Alexandrie et au Caire avec une exposition de photos anciennes et des concerts de l'Ensemble Orchestral de Paris. La saison France-Egypte proposera une centaine de manifestations culturelles jusqu'en mai 1998.

Egypte - Fermé depuis quarante ans, le site des pyramides de Dahchour, à 45 km au sud du Caire, vient d'être ouvert au public. Le site comporte deux pyramides géantes édifiées par le pharaon Snéfrou autour de 2600 av. J. C. La pyramide nord mesure 220 mètres de côté et la pyramide sud 180 mètres. Pour une hauteur de l'ordre de 105 mètres. Pour les égyptologues, cette décision constitue un événement culturel majeur.

Algérie - Le caricaturiste algérien *Melouah*, exilé en France depuis avril 1997, a reçu le *Crayon de porcelaine* qui récompense le lauréat du Salon du dessin de presse et d'humour de Saint-Just Martel dont la seizième édition s'est déroulée en septembre.

Littérature/Edition

Africultures - Le responsable de la rédaction de notre revue, Olivier Barlet, a reçu le 17 octobre des mains de l'actrice Stéphane Audran et de Marc Tessier, directeur du CNC, le prix Art et Essai 1997 lors d'une cérémonie au Salon du livre de cinéma pour son livre *Les Cinémas d'Afrique noire : le regard en question* publié dans la collection *Images plurielles* qu'il dirige aux éditions L'Harmattan. Il est exaequo avec Dominique Païni, directeur de la Cinémathèque française, qui a publié *Le Cinéma, un art moderne* aux éditions des Cahiers du cinéma.

Acoria - Une nouvelle maison d'édition spécialisée sur l'Afrique est née, à l'initiative de l'écrivain congolais Caya Makhélé : Acoria Editions. La politique éditoriale est celle d'une francophonie renouvelée laissant une large place aux cultures d'origine, avec des auteurs porteurs d'une vision moderne et novatrice. Au catalogue : la collection Scènes sur Scènes avec des textes de Sony Labou Tansi, Kofi Kwahulé et Caya Makhélé ; la collection Regards et palettes avec un livre de photographies sur les enfants du Brésil et des textes de Tierno Monenembo et Caya Makhélé ; une collection de CD et une de contes. 191, rue St Maur, 75010 Paris, tél. : 01 42 00 33 79, fax : 01 42 49 14 96.

Littératures francophones - Le Centre d'études littéraires francophones et comparées de l'université Paris-Nord est en train de réaliser un manuel pratique des littératures francophones pour les éditions Hatier, en coédition avec l'AUPELF-UREF, qui sera non par aires culturelles mais par genres. Il va également organiser un colloque international *Frontières de la Francophonie, Francophonie sans frontières.* Il a en outre élaboré des banques de données sur CD-Rom sur les littératures francophones. Av. J.B. Clément, 93430 Villetaneuse (tel :01 49 40 31 75, fax : 01 49 40 37 06).

Prix. C'est la rentrée éditoriale et donc la période traditionnelle des prix littéraires. Quelques auteurs africains ou d'origine africaine étaient ou sont concernés par cette course aux distinctions. Le plus célèbre des Prix, le Goncourt, a sélectionné le roman de l'Algérien Khaled Messaoudi, *Topographie de la peur* paru en 1997 au Seuil. Malheureusment, la candidature de l'Algérien n'a pas survécu au second tour de table. Le Prix Médicis français a retenu dans sa première sélection le roman d'Assia Djebbar *Les Nuits de Strasbourg* (Actes Sud).

Nouveautés - Parution prévue pour

la mi-novembre chez Gallimard de l'ouvrage de Nicolas Bancel intitulé *De l'indigène à l'immigré*. Aux éditions du Seuil, mis en vente dès le 7 novembre des *Contes afro-amércains* rassemblés par Roger D. Abrahams. Chez Actes Sud, sont attendus en novembre : *Ibadan, les années pagaille* ; *Mémoires*, de *Wole Soyinka*, traduit de l'anglais par Etienne Galle. *Mhudi*, un roman de *Sol T. Plaatje* (Afrique du Sud), traduit de l'anglais par Jean Sévry. *Champollion* : grammaire égyptienne et *Le Caire*, d'André Ravéreau et Manuelle Roche.

Tunisie - Le prix du livre pour enfants de l'Etat tunisien a été décerné à l'écrivain arabophone Néfla Dhab pour sa contribution à la culture enfantine. La Tunisie comporte 560 bibliothèques scolaires et 27 itinérantes. Avec les 250 bibliothèques municipales, cela représente plus d'un million de livres.

Défense des artistes

Congo - Face à la situation du pays, un Comité de soutien aux artistes du Congo-Brazzaville (CSACB) s'est constitué à l'initiative de Dany Adada, Jean-Luc Aka-Evy, Léandre Alain Baker, Catherine Boskowitz, François Campana, Jean Clément Doukaga, Jean-Michel Elenga Ayina, Sophie Erlich, Christian Genevier, François Kergourlay, Gabriel Kinsa, Irène Pélagie Koumba, Abel Kouvouama, Guy Lenoir, Fred Loubangui, Caya Makhélé, Vincent Mambachaka, Marcel Mankita, Nicolas Martin Granel, Basile Mbemba, Flore M'Bongo, Georges Mboussi, Adolphine Milandou, Laurence Nitoux, Zabché Ouangango, Frédéric Trigo (Piula), Christian Remer, Evelyne Salesse, Alain Sancerni, Marius Yélolo, Patrice Yengo. Contact : tel/fax 01 48 48 46 48 ou 01 45 85 41 45.

Théâtre

Zimbabwe - Les dates du prochain *Inoxsha,* le festival international de théâtre de Bulawayo (Zimbabwe), sont connues : cette deuxième édition aura lieu du 15 mars au 15 avril 1998.

Burkina Faso - ***Le conte dans tous ses états***. Un stage de contes aura lieu dans le cadre du festival international du conte francophone du 22 déc. au 3 janv. Centre Djeliya, BP 3020 Bobo-Dioulasso ou Tama événements (01 40 34 41 74), Mouvements (05 49 91 37 36) et Arcodis-Suisse (0041 22 733 86 19).

Musique

Algérie - Le chanteur Lounès Matoub (Algérie) avait poursuivi pour diffamation un autre chanteur, Ferhat Méhenni, qui avait affirmé que son enlèvement par un commando du Groupe Islamique Armé était une action montée par ses propres amis. Il vient de perdre en appel son procès.

Ventes - A la mi septembre, l'album *Sahra* (Barclay-Polygram) de *Khaled* avait déjà atteint une diffusion de 400 000 exemplaires et valait à la star raï algérienne un disque de platine.

Sénégal - La diva sénégalaise *Aminata Fall* a retrouvé fin septembre son Sénégal natal après trois mois d'hospitalisation à Grenoble. La chanteuse y avait été opérée aux genoux. Elle souffrait de gonatgerose globale bilatérale. Lors de son séjour en France, ses fans et amis s'étaient mobilisés pour la soutenir moralement et financièrement

Part de marché - Les derniers chiffres rendus publics concernant le marché mondial de la musique sont édifiants. Sur un chiffre d'affaires global des ventes de 39 825 millions de dollars, la part du continent africain n'est que de 240 millions de dollars, c'est à dire nettement moins d'un pour cent ! L'Europe et l'Amérique du Nord raflant les deux tiers de la mise (26 654 millions de dollars).

Burundi - Khadja Nin, la prmière chanteuse des Grands Lacs à se faire une renommée en Occident, enregistre un nouvel album. *Sambolera* s'était vendu à 350 000 exemplaires l'été 96 en France.

Mali - Goundo Guissé (qui avait joué dans *Finye* de Souleymane Cissé) a fondé l'association Promo Mali pour la diffustion et la création malienne. Naïny Diabaté s'st produite durant la soirée de soutien.

Paris - David Grammont, alias *Tonton David,* qui a fêté ses trente ans début octobre, et son chauffeur, Clément Hodonou, ont été condamnés à 5000 francs d'amende pour rébellion et outrages à agents. Un incident qui s'est déroulé le 17 août dernier dans XVIIIe arrondissement de Paris.

Nouveautés : Sortie à la mi novembre du premier album solo de l'ex -leader du groupe Os Tubaroes *Ildo Lobo* (Cap-Vert) produit par Mario Lucio (Simentera) sous le label Lusafrica-BMG. Toujours Chez Lusafrica-BMG, parution, à la même date, de l'album de *Boy Ge Mendes* (Cap-Vert) intitulé *Lagoa* et du CD de *Teofilo Chantre Di Alma.* Sortie chez Salambô en novembre de *Tribalité Créatrice* un album qui réunit les plus grandes voix congolaises. Les bénéfices de la vente de ce CD seront intégralement versés aux associations *Delfa* et *Pharmaciens sans Frontières* pour le Congo Brazzaville. La Maison des Cultures du Monde anonce la parution de deux nouveaux CD: *Aïcha mint Chigaly, griote de Mauritanie* et *Ethiopie, chants d'amour.* Playa Sound annonce le premier CD français du comorien Abou Chihabi, *Folkomor Ocean* (Auvidis). Sonodisc propose : Franco & le TP OK Jazz 1971/72 *Likambo Ya Ngana* et Grand Kalle & l'African Jazz (Rochereau), succès des années 50/60, vol.2, *Ruphine Missive Lusafrica/BMG* sort le 6° album des *Youth Wawes*, n°1 de la Jump Up, la nouvelle musique caraïbéenne: *Versatile.* Chez TMS France Acoustique : *African Angels* (compil), *La Famille Dembelé* avec *Aira Yo? La danse des jeunes griots* et *Horoya Band: Paya-Paya.*

Hit-parade - Le palmarès international des musiques francophones organisé tous les deux mois par Francophonie Diffusion avec la collaboration de 75 radios à travers le monde a donné les résultats suivants pour les chanteurs africains ou franco-africains : 1er, *MC Solaar* avec *Gangster moderne* (Polydor/ Polygram). 9e : *Khaled & Mylène Farmer* avec *La poupée qui fait non* (Toutankhamon/ Polydor). 10e : *Khaled* avec *Aïcha* (Barclay/ Polygram).

Divers

Afrique du Sud - Trois empreintes appartenant à un humain moderne datant de 117 000 ans ont été découvertes près de la ville du Cap (Afrique du Sud) à la fin de cet été par deux chercheurs sud-africains travaillant pour l'université de *Witwatersrand* à Johannesburg. Ces empreintes sont parmi les plus anciennes jamais découverte à ce jour.

Sénégal - Le Festival National de la Culture (*Fesnac*) sera organisé au mois de décembre 1997 à Thiès. Coup de colère des artistes sénégalais lorsqu'ils ont appris que l'exposition nationale ne fera pas partie de la quatrième édition de la Biennale de l'Art africain contemporain *Dak'Art* qui se déroulera du 25 au 30 mai 1998. Elle sera remplacée par le Marché des Arts Plastiques Africains (MAPA).

Côte d'Ivoire - Abidjan disposera à partir juin 1999 d'un magnifique palais de la culture qui comportera un théâtre à ciel ouvert de 2500 places, une salle de concert de 750 places, un théâtre couvert de 1500 places, une salle d'exposition de 1500 m2 et une salle de répétition de musique de 300 places. Les travaux sont financés à hauteur de 12 milliards de francs cfa (sur 21) par la République populaire de Chine.

Mot à mot

Violence intégriste : « Je me déguise (à Alger). Je suis armé d'un 6-35 et j'ai un garde du corps. Je n'habite évidemment plus chez moi et je circule à motocyclette pour rouler vite dans les embouteillages, je porte sur moi une capsule de cyanure. Certains intellectuels ont subi des tortures et des mutilations avant d'être assassinés. On parle du viol des femmes mais rarement de celui des hommes » **Rachid Boudjedra** (écrivain algérien) au quotidien français **Le Figaro** (18/09/97).

Théâtre ivoirien : « Le théâtre ivoirien va très mal parce qu'aucune politique réelle de promotion n'est définie par le ministère de la Culture pour valoriser cet art qui fait pourtant partie intégrante de notre...culture. Tout se passe comme si la culture se résumait à la musique. Pourvu que la politique culturelle soit revue et corrigée dans le sens de la valorisation du théâtre ivoirien. Il y va de la survie de cet art qui fait la fierté de la Côte d'Ivoire à l'extérieur... » **Fargass Assandé** (comédien ivoirien) à l'hebdomadaire **Ivoire Soir** (21 septembre 1997).

Racines : « Nous, Antillais, on nous demande toujours de nous définir par rapport à nos racines. Je crois qu'il est grand temps de dire : ça n'a pas tellement d'importance, l'endroit d'où nous venons, ce qui compte c'est le peuple que nous sommes devenu, ce que nous avons aujourd'hui comme culture à présenter au reste du monde. Je crois qu'il faut cesser cette quête traumatisante de racines, et puis essayer de vivre au présent. Ce n'est pas facile. » **Maryse Condé** (écrivain - Guadeloupe) au quotidien **Libération** (18 septembre 1997).

Enseignement du cinéma : « A mes étudiants égyptiens, je dis : « la liberté s'arrache à tout instant, elle ne se donne pas ». La technique ce n'est rien, il y a des livres pour cela. C'est la liberté qu'il faut enseigner. Il faut avoir une vision du monde... Quant à l'inspiration, on la trouve en observant les hommes - avec amour. Si on aime l'autre, il n'y a pas d'histoire qui ne soit pas intéressante à dire. Chacun porte en lui un récit superbe. Le tout est de savoir l'entendre, pour le dire. » **Youssef Chahine** (cinéaste, Egypte) au mensuel **Le Courrier de l'Unesco** (09/97).

Authenticité musicale : « Quand je dis que la musique de mon bon roi de Porto-Novo est authentique - les jeunes turcs de l'ethnomusicologie contestent la notion même d'authenticité - c'est parce qu'elle est le résultat d'une très longue maturation locale, d'échanges avec des voisins placés sur un pied d'égalité et pratiquant le même genre d'activités musicales. Nous avons affaire à une évolution endogène et non exogène. Je préconise l'ethnomusicologie d'urgence pour ces musiques de tradition orale, nées dans les univers clos, produites par le corps, des moyens mécaniques simples - membranes, cordes...- où l'on peut encore espérer débusquer une logique, un système, ce qui est le but de l'ethnologie... » **Gilbert Rouget** (ethnomusicologue - France) au quotidien français **Le Monde** (30 septembre 1997).

Théâtre engagé : « Toute expression culturelle ou artistique est engagée. Tous les auteurs le sont. Dans le cadre machiavélique du monde on a décidé qu'il y a les engagés d'un côté qui, comme par hasard, se retrouvent dans le Sud, et les autres. Aujourd'hui, on est tous à la même enseigne, sinon on sera tous dégagés. » **Saïd Arezki** (metteur en scène des "Généreux" de Alloula, Algérie) au quotidien algérien **El Watan** (30 sept. 1997).

Censure : « L'interdiction qui m'est faite de présenter mes sketches est une mesure dirigée en fait contre le public marocain... La devise des autorités semble être que l'artiste est né pour être du côté du pouvoir. Je ne suis pas un politicien professionnel, mais il est de mon droit d'intégrer le politique dans mes sketches. » **Ahmed Snoussi**, alias **Bziz** (humoriste - Maroc) à l'**Agence France Presse** (3 oct.).

Annonces

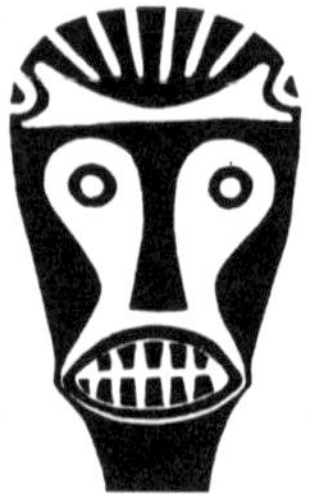

Offres et demandes d'emploi, castings, voyages, échanges, correspondants etc. : chaque mois des petites annonces.

Tarif : 3 lignes gratuites, 20 F /ligne supplémentaire (lignes de 30 caractères, espaces compris). Chèques à l'ordre d'Africultures à la rédaction.

Quatre bonnes raisons de vous abonner à **Africultures :**

- vous économisez 200 F sur le prix de vente au numéro (60 F),
- vous le recevez chez vous franco de port le premier de chaque mois,
- vous ne risquez pas de rater un événement culturel,
- vous ne ratez aucun numéro

(des index vous permettront de vous constituer mois par mois une véritable encyclopédie des cultures africaines).

☐ Je m'abonne à **Africultures** pour un an (10 numéros) à partir du numéro........

☐ France : 400 FF
☐ Etranger : 500 FF

Nom : .... Prénom : ....

Adresse :..

code postal/ville : ....pays :.................................

chèque bancaire à l'ordre de L'Harmattan, 5 rue de l'Ecole-Polytechnique, 75005 Paris.
Pour l'étranger: chèque en FF domicilié sur banque française ou virement sur CCP Harmattan 23 625 44 N ou par carte bancaire (Visa ou Mastercard), n°.. expire le.................................

MISE EN PAGES FOURNIE

Achevé d'imprimer par Corlet, Imprimeur, S.A. - 14110 Condé-sur-Noireau (France)
N° d'Imprimeur : 27410 - Dépôt légal : octobre 1997 - *Imprimé en C.E.E.*